# COLLECTION ALFRED HUBERT

---

# ESTAMPES ANCIENNES

## PORTRAITS ET PIÈCES HISTORIQUES

# CATALOGUE

DES

# TRÈS BELLES ESTAMPES

DE TOUTES LES ÉCOLES



ŒUVRES DE

ALBERT DURER, MARC-ANTOINE RAIMONDI

REMBRANDT VAN RYN

ALDEGREVER, BEHAM, BERGHEM, CALLOT, CLAUDE GELLÉE, L. DE LEYDE

A. VAN OSTADE, P. POTTER, RUISDAEL, M. SCHONGAUER, ETC.

## PORTRAITS ET PIÈCES HISTORIQUES

PAR ET D'APRÈS

ANSELIN, BLOOTELING, A. BOSSE, DELFF, LES DREVET

EDELINCK, FALCK, L. GAULTIER, TH. DE LEU, MASSON, MOREAU, MORIN

NANTEUIL, REYNOLDS, VAN SCHUPPEN, SUIDERHOEF, WATTEAU, ETC.

COMPOSANT

## LA COLLECTION ALFRED HUBERT

ET DONT LA VENTE PAR SUITE DE SON DÉCÈS

AURA LIEU A PARIS

## HOTEL DROUOT, salle n° 6

*du Mardi 25 au Samedi 29 Mai 1909*

A DEUX HEURES PRÉCISES.

Par le Ministère de Me Edmond APPERT, commissaire-priseur

RUE GRANGE-BATELIÈRE, 16

assisté de M. A. DANLOS, marchand d'estampes

QUAI VOLTAIRE, 15

---

**EXPOSITION PUBLIQUE**

*Le Lundi 24 Mai 1909, de 2 heures à 5 heures.*

# CONDITIONS DE LA VENTE

Elle sera faite au comptant.

Les acquéreurs paieront 10 p. 100 en sus des enchères.

M. Danlos, se réserve la faculté de réunir ou de diviser les lots.

La collection sera exposée, 15, quai Voltaire, du lundi 17 au samedi 22 mai, le jeudi 20 excepté.

# ORDRE DES VACATIONS

| | | |
|---|---|---|
| Le Mardi 25 Mai 1909 | . . . . . . . . . . | Nos 1 à 164 |
| — — | . . . . . . . . . . | — 209 à 253 |
| Le Mercredi 26 Mai 1909 | . . . . . . . . . | Nos 254 à 418 |
| — — | . . . . . . . . | — 165 à 208 |
| Le Jeudi 27 Mai 1909 | . . . . . . . . . . | Nos 419 à 582 |
| — — | . . . . . . . . . . | — 604 à 643 |
| Le Vendredi 28 Mai 1909 | . . . . . . . . | Nos 583 à 603 |
| — — | . . . . . . . . | — 775 à 874 |
| — — | . . . . . . . . | — 644 à 719 |
| Le Samedi 29 Mai 1909 | . . . . . . . . . . | Nos 875 à 922 |
| — — | . . . . . . . . . | — 720 à 774 |
| — — | . . . . . . . . . | — 923 à fin. |

## ALDEGREVER (Henri)

1. Jean de Leyde, roi des Anabaptistes à Munster (Bartsch 182). In-f°.

   Très belle épreuve.

2. Bernard Knipperdoling (183).

   Très belle épreuve.

3. Martin Luther (184).

   Superbe épreuve ayant une petite marge.

4. Philippe Melanchton (185).

   Superbe épreuve. Col[ons] Gawet et W. Koller.

## AMMAN (Jost)

5. Coligny (Gaspard de), amiral de France. In-f°.

   En buste, dans une bordure ovale entourée de figures allégoriques; en dessous la scène de son massacre.
   Très belle épreuve.

## ANSELIN (Jean-Louis)

6. Pompadour (Jeanne-Antoinette Poisson, marquise de), en belle jardinière, d'après C. Vanloo, Petit in-f°.

   Magnifique épreuve avant la lettre, elle est de la plus grande fraîcheur et à sa marge entière non ébarbée. Très rare de cette qualité.

7. Le même Portrait.

   Très belle épreuve avec la lettre. Marge.

## ARDELL (James Mac)

8. Clive (Robert, Lord), buste fort comme nature, gravé à la manière noire, d'après Gainsborough. In-f°.

Deux très belles épreuves dont l'une, très rare, est avant toutes lettres.

9. Georges III, roi d'Angleterre, vu de profil; buste fort comme nature gravé à la manière noire, d'après J. Mayer. In-f°.

Superbe épreuve.

10. Georges III, roi d'Angleterre, de profil à droite dans un médaillon ovale ; gravé à la manière noire. In-f°.

Superbe et très rare épreuve avant toutes lettres.

## AUDRAN (Benoit)

11. Fénélon (François de Salignac de la Mothe), archevêque de Cambrai, d'après Vivien. In-f°.

Très belle épreuve.

## BALÉCHOU (Jean-Joseph)

12. Auguste III, roi de Pologne, en pied, d'après H. Rigaud, Grand in-f°.

Superbe épreuve avec la qualité de *Ch. de l'ordre de S. Michel* à la suite du nom de Rigaud, mais avant la date *1750*, après le mot *Paris*. Très rare.

13. Bruhl (Henri, Comte de), premier ministre de sa majesté le roy de Pologne, d'après L. de Sylvestre. In-f°.

Très belle épreuve.

## BALDINI (Baccio)

14. Vignette du second chant de l'édition du Dante de 1481 (Bartsch 38).

Très belle épreuve avec le texte au verso.

## BARBARY (Jacques DE) LE MAITRE AU CADUCÉE

15. Saint Jérome (Bartsch 7).

Très belle épreuve. Rare.

## BARON (Bernard)

16. Charles I (La famille de), roi d'Angleterre, d'après A. Van Dyck. In-f°.

Très belle épreuve.

17. Cumberland (Duc de), à cheval, d'après J. Wootton; dans le fond la bataille de Culloden. In-f°.

Très belle épreuve.

## BARTOLOZZI (Francesco)

18. Catherine II, impératrice de Russie, en pied, en costume royal, d'après Brompton. In-f°.

Superbe et rare épreuve, avant la lettre, imprimée en bistre. Marge.

19. Georges, prince de Galles, d'après Violet, 1791; médaillon ovale in-8°.

Superbe épreuve imprimée en couleurs. Toute marge.

## BARY (Hendrick)

20. Ruyter (Michel de), amiral, à mi-corps, tenant en main son bâton de commandement; gravé d'après F. Bol. In-f°.

Superbe épreuve. Très rare.

## BEATRIZET (Nicolas)

21. Henri II, roi de France (R. Dumesnil, 40).

Très belle épreuve du 1er état : avant que la tête du roi, vue de profil, ait été changée pour être vue de trois quarts. Rare.

22. Le même Portrait.

Très belle épreuve du 2e état.

## BEAUVARLET (Jacques-Firmin)

23. Barry (La comtesse Du), en habit de chasse, d'après Drouais. In-f°.

Superbe épreuve avant la lettre. Grande marge.

## BECKET (Isaac)

24. Jacques II, roi d'Angleterre, vu à mi-jambes, en armure; gravé à la manière noire d'après Kneller. In-f°.

Superbe et très rare épreuve avant toutes lettres.

## BÉHAM (Barthélemy)

25. CHARLES (L'empereur) (Bartsch 60). In-8°.

Superbe épreuve avant le monogramme à la gauche du haut. Excessivement rare.

26. FERDINAND I (61). In-8°.

Très belle épreuve avant l'adresse de J. de Heyde.

## BÉHAM (Hans-Sébald)

27. L'enlèvement d'Hélène (Bartsch 70).

Superbe et rare épreuve du 1er état : avant que le fond, au-dessus du mot *Helenæ* qui n'est formé que d'une seule taille horizontale, ait été renforcé par des points.

28. La bonne fortune (140).

Superbe épreuve du 1er état : avant les points au-dessus des nuages et avant les contre-tailles sur la boule.

## BERGHEM (Nicolas)

29. Les trois vaches au repos (Dutuit 3).

Superbe et très rare épreuve avant le nom de Berghem et avant que le petit nuage, vers le milieu du ciel au-dessus d'un bouquet d'arbres, ait été ombré de tailles horizontales; la bordure est fine. Col^ons Arozarena et Alferoff.

30. Le joueur de cornemuse, pièce surnommée le Diamant (4).

Superbe et très rare épreuve avant le nom du maître. Col^on St John Dent.

31. L'homme monté sur l'âne (5).

Superbe et rare épreuve avant la totalité des travaux sur le ciel.

## BLOOTELING (Abraham)

32. BRAGANCE (Catherine de), reine de la Grande Bretagne, représentée à mi-jambes assise dans un fauteuil; gravé à la manière noire d'après P. Lely. Petit in-f°.

Très belle épreuve.

33. CASIMIR, roi de Pologne, d'après Nason. In-f°.

Très belle épreuve.

34. CHARLES II, roi d'Angleterre, en buste; gravé à la manière noire d'après P. Lély. In-f°.

Superbe épreuve.

35. FRIES (Tjerk-Hidder de), amiral, vu à mi-jambes, tenant en main son bâton de commandement; gravé d'après G. van den Eckhout. In-f°.

Superbe et très rare épreuve avant les mots *et excudit*, après le nom du graveur. Col^on Graaf.

36. GUILLAUME III, roi d'Angleterre. — MARIE, princesse d'Orange, reine d'Angleterre. — Comte de DANBY. 3 portraits in-18 et in-4°, les deux premiers sont gravés à la manière noire.

Très belles épreuves.

37. KORTENAER (Egbert), amiral, vu à mi-jambes, tenant en main son bâton de commandement; gravé d'après B. Van der Helst. Grand in-f°.

Superbe épreuve du 1er état : avant le mot *excudit* à la suite du mot *sculpsit*. Rare.

38. MONMOUTH (Jacques, duc de), d'après P. Lély. In-f°.

Très belle épreuve.

39. ORANGE (Guillaume-Henri, prince d'), plus tard GUILLAUME III, d'après P. Lély. In-f°.

Superbe et très rare épreuve avant les noms des artistes.

40. ORANGE (Marie, princesse d'), en buste; gravé à la manière noire d'après P. Lély. In-f°.

Très belle épreuve.

41. RUPERT (Prince), comte Palatin du Rhin, d'après P. Lély. In-f°.

Superbe épreuve avant toutes lettres. Fort rare.

42. RUYTER (Michel-Adrien), amiral. In-f°.

Superbe épreuve. Col^on Didot.

43. SHAFTESBURY (Antoine, comte de), chancelier d'Angleterre, d'après J. Greenhill. In-f°.

Très belle épreuve; excessivement rare. Col^on Didot.

44. WITT (Cornélis de), amiral, en buste; gravé à la manière noire d'après J. Le Banc. Petit in-f°.

Très belle épreuve.

45. Witt (Cornélis de), amiral, d'après N. Storch. In-f°.
Très belle épreuve du 1er état : avant les mots *et excudit*.

## BOCK (Par et d'après Frédéric)

46. Friedrich Wilhem, prince impérial de Prusse; buste fort comme nature gravé à la manière noire, 1788.
Très belle épreuve.

## BOISSIEU (Jean-Jacques de)

47. La leçon de botanique. — Le sépulcre de Cécilla-Metella, Le petit moulin, d'après Ruisdael, 3 pièces.
Très belles épreuves dont deux sur chine volant.

## BOLSWERT (Boece a)

48. Nassau (Louis, comte de), baron de Beilsteny, d'après Miereveld. In-f°.
Très belle épreuve.

## BONASONE (Giulio)

49. La création d'Eve, d'après Michel-Ange (Bartsch 1).
Superbe épreuve.

50. Le Jugement dernier, d'après Michel-Ange (80).
Superbe épreuve. Signée Mariette 1671.

51. Philippe II, roi d'Espagne (343). In-4°.
Très belle épreuve. Très rare.

## BONASONE (Dans la manière de Giulio)

52. Portrait de Michel-Ange, 1545.
Superbe épreuve.

## BOSSE (Abraham)

53. « Cérémonie observée au contract de mariage passé a Fontainebleau, en présence de leurs majestez entre Uladislas IIII...... et Louise Marie de Gonzague, princesse de Mantoue et de Nevers, d'autre part, le 25 jour de septembre 1645. » (Duplessis 1223.)
Très belle épreuve. Marge.

54. La Joye de la France (1226).

Superbe épreuve.

55. L'infirmerie de l'Hopital de la Charité de Paris (1266).

Très belle épreuve. Grande marge.

56. La Galerie du Palais (1267).

Superbe et rare épreuve du 1er état : avant l'adresse, à la suite du nom de Bosse.

57. L'Hotel de Bourgogne (1268).

Très belle épreuve.

58. Le bal (1400).

Magnifique épreuve avant toutes lettres. Excessivement rare.

59. La bénédiction de la Table. — Réduction de la ville de Mantoue. — Le Procureur. — Le graveur. 4 pièces.

Très belle épreuves.

60. Le théâtre de Tabarin, sur la Place Dauphine.

Pièce des plus rares et des plus intéressantes attribuée seulement au maître.

Très belle épreuve.

## BOULANGER (Jean)

61. Vincent de Paul (Saint), deux portraits différents dont l'un est gravé par Pitau. — La Mère Angélique Arnaud, deux portraits différents. Ensemble 4 pièces in-4° et in-f°.

Très belles épreuves.

## BRACQUEMOND (Félix)

62. Erasme, d'après Holbein. (Tableau du Musée du Louvre.) In-f°.

Très belle épreuve avant toutes lettres, sur chine volant.

## BROOKI (J.)

63. Chesterfield (Lord Philippe Dormer Stanhope, comte de), en pied; gravé à la manière noire d'après Hoare. In-f°.

Très belle épreuve.

## CALLOT (Jacques)

64. Les Grandes Misères de la guerre ; suite de 18 pièces (Meaume 564-581).

Très belles épreuves du 2e état : avec les vers, mais avant que l'*excudit* d'Israel, sur les pièces numérotées de 2 à 18, ait été effacé. Marges.

65. Le Jeu des boules ou la foire de Gondreville (623).

Superbe épreuve du 1er état : avant le nom de Callot sur la terrasse, à la gauche du bas, et avant l'adresse d'Israël dans la marge inférieure ; petite marge. Colons Camberlyn et Didot.

66. Les Deux grandes vues de Paris (713-714).

Superbes épreuves avant toutes retouches et avec les fonds très apparents. Colons Camberlyn et Dreux.

## CARDON (Antoine)

67. GEORGES III, en pied, d'après Edridge. In-fo.

Très belle épreuve. Grande marge.

## CARMONTELLE (Louis Carrogis de)

68. Le Duc d'ORLÉANS assis, et le Duc de CHARTRES, debout derrière le fauteuil de son père, dans une salle de billard, 1759. Petit in-fo.

Très belle épreuve. Rare.

## CARMONTELLE (D'après L. Carrogis de)

69. LÉOPOLD MOZART jouant du violon, MARIANNE MOZART, virtuose âgée de onze ans chantant et WOLFGANG MOZART âgé de sept ans, jouant du clavecin : gravé par Delafosse. In-fo.

Très belle épreuve. Rare.

70. ORLÉANS (Monseigneur le Duc d'), à cheval avec un cor en bandoulière ; gravé par Delafosse, 1763. In-fo.

Très belle épreuve avec marge. Rare.

71. FRANKLIN, assis, son chapeau posé sur le texte des lois de Pensylvanie ; gravé par Née. Petit in-fo.

Très belle épreuve. Marge.

72. TRUDAINE DE MONTIGNY, intendant d'Auvergne, assis dans un fauteuil et lisant. In-f°.

Superbe épreuve avant le ciel et avant divers travaux.

73. BACHAUMONT. — Le baron de BEZENVAL. — CHAUVELIN. — Le duc de CHEVREUSE. — Chrétien François de LAMOIGNON. — RAMEAU, deux épreuves avec différences. Sept portraits, en pied, in-8° et petit in-f°.

Très belles épreuves.

## CARRACHE (Augustin)

74. FERDINAND, Grand-Duc de Toscane. — CHRISTINE DE LORRAINE, sa femme. Deux portraits in-4° (Bartsch 141).

Très belles épreuves.

75. TITIEN (Tiziano Vecellio dit le) (154). In-f°.

Superbe épreuve du 1er état : avant que l'estampe ait été diminuée dans sa hauteur pour y ménager une inscription. Excessivement rare. Col^ons Archinto, Marshall et Didot.

## CARS (Laurent)

76. CONTI (Louis-Francois de Bourbon, Prince de). In-f°.

Très belle épreuve avant toutes lettres, non entièrement terminée.

## CASA (Nicolas Della)

77. CHARLES V, empereur, dans un ovale ménagé au milieu d'une composition architecturale; gravé en contre-partie de l'estampe d'Enéas Vico. Grand in-f°.

Superbe épreuve.

## CATHELIN (Louis-Jacques)

78. PARIS DE MONTMARTEL (Jean), financier, en pied, assis dans un cabinet somptueusement meublé; la tête est gravée d'après La Tour, l'habillement et le fond, d'après Cochin. Grand in-f°.

Superbe et rare épreuve avant toutes lettres.

## CHARDIN (D'après J.-B. Siméon)

79. Les Amusements de la vie privée, par L. Surugue, 1747 (E. Bocher 1).

Très belle épreuve. Grande marge.

80. La Gouvernante, par Lépicié, 1739 (24).

Très belle épreuve. Très grande marge.

81. La Mère laborieuse, par Lépicié, 1740 (35).

Très belle épreuve. Très grande marge.

## CHÉREAU (François)

82. Polignac (Melchior de), cardinal, d'après H. Rigaud. In-f°.

Superbe épreuve avant toutes lettres. Très rare.

83. Prie (Agnès Berthelot de Pléneuf, marquise de). — Sabran (Louise-Charlotte de Foix-Rabat, marquise de). Deux portraits petit in-f°, faisant pendants, gravés d'après Vanloo.

Très belles épreuves.

## CLINT et WARD

84. Pitt (William). — Canning (Lord). 2 portraits in-f°, gravés, à la manière noire, d'après Hopner et Stewardson.

Très belles épreuves, la dernière pièce en lettres grises.

## COCHIN (Charles Nicolas)

85. Charles III, roi de Sardaigne, médaillon ovale dans une composition allégorique.

Très beau dessin à la sanguine, signé et daté : *C. N. Cochin filius delin. 1777.*

## COLLYER (Joseph)

86. Georges, Prince de Galles. — Charlotte, reine de la Grande-Bretagne. 2 portraits, grand in-4°, faisant pendants, gravés d'après J. Russell.

Superbes et très fraîches épreuves imprimées en couleurs.

87. Charlotte, reine de la Grande-Bretagne, d'après J. Russel. In-4°.

Superbe épreuve avant toutes lettres, imprimée en couleurs, seulement la mention ; *Publish' 4 June 1791 by J. Collyer,* tracée à la pointe, en caractères très fins, sous l'ovale. Excessivement rare.

## COSWAY (D'après Richard)

88. Cosway (Richard). — Cosway (Maria). Deux charmants petits portraits, faisant pendants, gravés par F. Bartolozzi.

Superbes épreuves imprimées en couleurs, les titres en lettres ouvertes.

89. Récamier (Madame), à mi-jambes, debout près d'un escalier dont on ne voit que les premières marches; gravé par A. Cardon. Petit in-f°.

Superbe épreuve imprimée en couleurs; elle est très fraîche et a une grande marge. Très rare de cette qualité.

## CRANACH (Lucas)

90. Luther (Martin), 1520. (Bartsch 5). In-8°.

Très belle épreuve.

## DAGOTY (Gauthier)

91. Choiseul (Étienne-François, duc de), dans un cadre soutenu par un aigle. In-f°.

Très belle épreuve imprimée en couleurs. Excessivement rare.

## DALEN (Cornelis Van)

92. Charles II, roi d'Angleterre, en armure, d'après Jason. In-f°.

Très belle épreuve.

93. Glocester (Henri, duc de), d'après Luttichuys. In-f°.

Superbe épreuve avant toutes lettres. Très rare.

94. Yorck (Jacques, duc d'), grand amiral d'Angleterre, d'après L. Luttichuys. In-f°.

Superbe épreuve avant toutes lettres. Très rare.

95. Tromp (M.-A.), vu à mi-corps, la main appuyée sur un canon; gravé d'après Lievens. In-fol.

Superbe épreuve.

## DANCKERS (Henri)

96. Charles II, roi d'Angleterre, d'après A. Hanneman. In-f°.
Très belle épreuve.

## DANCKERTS exc. (Cornelis)

97. Tromp et C. de Witt, en regard l'un de l'autre, sur une même feuille.
Très belle épreuve.

## DAULLÉ (Jean)

98. Louis XV, roi de France (Delignières 35). In-4°.
Superbe épreuve avant toutes lettres. Très rare.

99. Louis, dauphin, fils de Louis XV (37). In-4°.
Superbe et rare épreuve avant la lettre.

100. Marie-Thérèse, reine de Hongrie, d'après De Meytens (42). In-4°.
Superbe épreuve avant toutes lettres. Très rare.

101. Puysegur (Jacques-François Chastenet de), maréchal de France, d'après Tournières (66). In-4°.
Superbe épreuve avant toutes lettres, avant les armes et avant l'écriture sur le livre que tient ouvert le personnage. Rare.

102. Caylus (Marguerite de Valois, comtesse de), d'après H. Rigaud (84). In-f°.
Très belle épreuve. Grande marge.

103. Henri d'Aguesseau (1). — Guillaume de Lamoignon (26). — P. L. Moreau de Maupertuis (44). — J.-B. Rousseau (71). Quatre portraits in-f° et in-4°.
Très belles épreuves.

## DEBUCOURT (Philippe-Louis)

104. Le Compliment ou la matinée du jour de l'an, 1787. — Les Bouquets ou la Fête à la Grand'Maman, 1788.
Deux pièces faisant pendants (M. Fenaille 15 et 16).
Superbes épreuves imprimées en couleurs, l'épreuve des

Bouquets est avec un seul point à la suite de la date; elles sont toutes les deux très fraîches et ont une petite marge en dehors de l'empreinte de la planche.

105. ORLÉANS (Mgr le duc), médaillon ovale in-4° (20).

Superbe et très fraîche épreuve imprimée en couleurs.

106. LA FAYETTE (Monsieur le marquis de), commandant-général de la Garde Nationale Parisienne (23). In-f°.

En pied, près de son cheval que tient par la bride un nègre; dans le fond les régiments de la Garde nationale qu'il va passer en revue.

Très belle épreuve. Rare.

## DELARAM (Francis)

107. CHARLES Ier, n'étant encore que prince de Galles. In-8°.

Très belle épreuve; très rare. Colons Marshall et Didot.

108. ÉLISABETH, reine d'Angleterre. In-8°.

Très belle épreuve.

109. MARIE TUDOR, reine d'Angleterre, vue jusqu'aux genoux. In-8°.

Superbe et très rare épreuve du 1er état : avant que la planche ait été réduite en ovale. Colon Didot.

## DELAULNE (Etienne)

110. GUISE (François de Lorraine, duc de), père du Balafré; pièce anonyme. In-8°.

Superbe épreuve du 1er état : avant la réduction de la planche.

## DELFF (Willem-Jacobsz)

111. CHARLES Ier, roi d'Angleterre, d'après D. Mytens. (Franken I), In-8°.

Très belle épreuve.

112. HENRIETTE-MARIE, reine d'Angleterre, d'après D. Mytens (3). In-f°.

Superbe épreuve avant toutes lettres. Excessivement rare.

113. FRÉDÉRIC, électeur Palatin, roi de Bohême, d'après Miereveld (9). In-f°.

Superbe épreuve.

114. ÉLISABETH, reine de Bohême, d'après Miereveld (10). In-f°.

Superbe et rare épreuve du 1er état ; on ne voit pas de perle sur la joue droite.

115. FRÉDÉRIC-HENRI, fils de FRÉDÉRIC V, roi de Bohême, d'après Miereveld (12). In-f°.

Très belle épreuve.

116. BUCKINGHAM (Georges Villiers, duc de), d'après Miereveld (13). In-f°.

Superbe épreuve.

117. COLIGNY (Louise de), épouse en secondes noces de GUILLAUME LE TACITURNE, d'après Miereveld (20). In-f°.

Très belle épreuve.

118. COLIGNY (Gaspard de), seigneur de CHATILLON, maréchal de France, d'après Miereveld (21). In-f°.

Très belle épreuve.

119. ERNEST, comte de MANSFELD, en buste, dans une bordure ovale, d'après Miereveld (43). In-f°.

Très belle épreuve.

120. GUILLAUME Ier, prince d'Orange, surnommé le Taciturne, d'après A. Van de Venne (55). In-f°.

Représenté jusqu'aux genoux, assis dans un fauteuil, la tête couverte d'un chapeau à larges bords, la main droite tient le bâton de général, la gauche repose sur la garde de son épée.

Superbe épreuve avec une très grande marge. Très rare de cette qualité.

121. MAURICE, Prince d'Orange, d'après A. Van de Venne (57). In-f°.

Vu debout jusqu'aux genoux, la tête couverte d'un chapeau, à petits bords, orné d'une aigrette ; près de lui, à gauche sur un piédestal, des gantelets, à droite et vue en profondeur la salle du Binnenhof à la Haye.

Superbe épreuve avant toutes lettres. Excessivement rare.

122. Le même Personnage, en buste, d'après Cornelis Visscher (le vieux) (56). In-f°.

Très belle épreuve.

123. Le même Personnage, en buste, dans un ovale, d'après Miereveld (58). In-f°.

Très belle épreuve.

124. Guillaume II, prince d'Orange, en buste, d'après Miereveld (64). In-f°.

Très belle épreuve.

125. Oxenstiern (Axel, comte d'), d'après Miereveld (63). In-f°.

Superbe épreuve. Marge.

126. Charles-Louis de Bavière, comte Palatin, d'après Miereveld (67). In-f°.

Superbe épreuve. Marge.

127. Wolfang Wilhem, de Bavière, comte Palatin, d'après Miereveld (68). In-f°.

Superbe épreuve. Marge.

128. Gustave-Adolphe, roi de Suède, d'après Miereveld (87). In-f°.

Très belle épreuve.

129. Henri, baron de Thurn, d'après Miereveld (88). In-f°.

Superbe épreuve.

## DESCOURTIS (Charles-Melchior)

130. Frédérique Sophie-Wilhelmine, femme de Guillaume V, Stathouder de Hollande.

Superbe portrait in-f° ovale, gravé sous la direction de Hentzi.

Magnifique et toute première épreuve, *avant toutes lettres*, imprimée en couleurs; elle est de la plus grande fraîcheur et a la marge du cuivre. Extrêmement rare en cet état et de cette qualité.

131. Frédérique-Louise-Wilhelmine, de Prusse, femme de Guillaume Ier, roi des Pays-Bas.

Charmant portrait in-f° gravé d'après Tozelli, sous la direction de Hentzi.

Magnifique épreuve, avant la lettre, imprimée en couleurs sur papier teinté vert; elle est très fraîche et a sa marge entière. Très rare de cette qualité.

## DESNOYERS (Baron Boucher)

132. Napoléon le Grand, en pied, en costume du sacre, d'après le Baron Gérard. Grand in-f°.

Superbe épreuve avant les noms des artistes. Fort rare.

133. Talleyrand-Périgord (Charles-Maurice de), prince de Bénévent, en pied, assis dans son cabinet, d'après le Baron Gérard. In f°.

Superbe épreuve avant toutes lettres.

## DIKINSON (William)

134. Frédéric-Guillaume, roi de Prusse. — Louise Auguste-Wilhelmine-Amélie, reine de Prusse, 2 portraits, in-f°, demi-nature, gravés à la manière noire, d'après Lacier, 1798.

Très belles épreuves. Grandes marges.

## DREVET (Pierre)

135. Beauvau du Rivau (René François, de), archevêque de Narbonne, d'après H. Rigaud (Firmin Didot 17). In-f°.

Très belle épreuve. Grande marge.

136. Brunswick-Lunebourg (Ernest-Auguste, XVI$^{e}$ duc de) (30). In-f°.

Très belle épreuve. Rare.

137. Dangeau (Philippe de Courcillon, marquis de), gouverneur de Touraine, d'après H. Rigaud (36). In-f°.

Très belle épreuve avant la lettre mais avec les armes.

138. Philippe V, roi d'Espagne, d'après H. Rigaud (40). In-f°.

Superbe épreuve du 1$^{er}$ état : avant l'addition de la planche accessoire.

139. Boileau-Despreaux (Nicolas), célèbre poète, d'après H. Rigaud (24). In-f°.

Superbe épreuve avant toutes lettres. Très rare.

140. **Louis XIV**, en pied, vêtu du manteau royal, d'après H. Rigaud (55). Très grand in-f°.

Superbe épreuve avant les contre-tailles sur la colonne. Fort rare.

141. **Bourgogne** (Louis de France, duc de), d'après H. Rigaud (57). In-f°.

Très belle épreuve avant la lettre mais avec les noms des artistes. Grande marge.

142. **Louis XV**, roi de France, enfant, d'après H. Rigaud (59). In-f°.

Très belle épreuve.

143. **Maine** (Louis-Auguste de Bourbon, prince de Dombes, duc du) (62). In-f°.

Très belle épreuve. Fort rare.

144. **Toulouse** (Louis-Alexandre de Bourbon, comte de), grand amiral de France, d'après H. Rigaud (64). In-f°.

Superbe et rare épreuve du 1er état : avant que, dans l'écusson, les deux ancres en sautoir aient été supprimées et remplacées par une seule ancre passant derrière.

145. **Conti** (François-Louis de Bourbon, prince de), en pied, d'après H. Rigaud (66). Très grand in-f°.

Très belle épreuve.

146. **Condé** (Louis-Henri de Bourbon, prince de), d'après Gobert (67). In-f°.

Très belle épreuve.

147. **La Vrillière** (Louis Phelypeaux, marquis de), d'après Gobert (85). In-f°.

Très belle épreuve du 1er état : avant que le nom de *Pheli-peaux* ait été écrit *Phelypeaux*. Grande marge.

148. **Lesdiguières** (Jean-François-Paul de Bonne de Créqui, duc de), d'après H. Rigaud (88). Petit in-f°.

Superbe épreuve du 1er état : avant toutes lettres. Très rare.

149. **Mesmes** (Jean Antoine de), comte d'Avaux, président à mortier au Parlement de Paris, d'après H. Rigaud (94). Grand in-f°.

Très belle épreuve du 2e des quatre états décrits : avec la

dédicace mais avant que l'adresse, à la suite du nom de Drevet, ait été enlevée.

150. Noailles (Adrien-Maurice, duc de), maréchal de France (102). In-f°.

Très belle épreuve avec marge.

151. Frédéric-Auguste III, électeur de Saxe et roi de Pologne, d'après de Troy (107). In-f°.

Très belle épreuve du 1er état : avant de nombreuses retouches à la figure, notamment avant qu'elle ait été rendue plus âgée et que les lèvres aient été amincies; marge. Fort rare.

152. Nemours (Marie d'Orléans, duchesse de), d'après H. Rigaud (115). In-f°.

Très belle épreuve. Grande marge.

153. Villars (Claude-Louis-Hector, duc de), maréchal de France, d'après H. Rigaud (123). In-f°.

Très belle épreuve avant que l'inscription sur la tablette du socle, qui compte neuf lignes, ait été remplacée par une autre inscription ne formant que six lignes.

154. Dubois (Guillaume), cardinal (15), — Fleury (André-Hercules), cardinal (48). 2 portraits in-f° d'après H. Rigaud.

Très belles épreuves.

155. Noailles (Louis Antoine de), cardinal et archevêque de Paris (101) — Rohan (Armand-Gaston, prince de), cardinal (113). 2 portraits in-f° d'après Rigaud.

Très belles épreuves, la seconde pièce est avant la croix pastorale sur la poitrine du personnage.

## DREVET (Pierre-Imbert)

156. Bernard (Samuel), fameux financier, en pied, assis dans un fauteuil adossé au socle d'une colonne, d'après H. Rigaud (11). Très grand in-f°.

Superbe épreuve du 1er état : avant les travaux à la pointe sèche sur les lumières de la main gauche et avant le mot : *Conseiller d'Estat*. Excessivement rare.

157. BOSSUET (Jacques-Bénigne), évêque de Meaux, en pied, d'après H. Rigaud (12). In-f°.

Très belle épreuve avant les points à la suite du nom de Rigaud.

158. ORLÉANS (Elisabeth-Charlotte de Bavière, duchesse d'), mère du Régent, d'après Rigaud (17). In-8° oblong.

Superbe épreuve avant le texte au verso. Grande marge.

159. ORLÉANS (Louise-Adelaïde d'), abbesse de Chelles, fille du Régent, 2 portraits différents d'après Gobert (19 et 20).

Très belles épreuves.

160. LECOUVREUR (Adrienne), célèbre tragédienne, dans le rôle de Cornélie, d'après Coypel (24). In-f°.

Très belle épreuve avant la retouche dans le dessin de la bouche.

161. FÉNÉLON (François de Salignac de La Mothe), archevêque de Cambrai (16). — MAILLY (François de), archevêque de Reims (26), 2 portraits in-4° et in-f° d'après Vivien et Vanloo.

Très belles épreuves.

## DUCHÉ (D'après)

162. Chambre à coucher du cœur de Voltaire, par Née.

Pièce intéressante par tous les portraits des amis du poète suspendus au mur.

Très belle épreuve avant la lettre.

## DUFLOS (Claude)

163. BOUFFLERS (Louis-François, duc de), maréchal de France. Grand in-f°.

Très belle épreuve. Fort rare.

164. ORLÉANS (Philippe, duc d'), régent du royaume, d'après Tournières. In-f°.

Deux épreuves dont l'une, superbe, est avant les noms des artistes.

## DURER (Albert)

165. Son Portrait gravé par Melchior Lorch.

Magnifique épreuve, le fond est couvert de salissures de burin.

166. ADAM et EVE (Bartsch 1).

Magnifique épreuve du 1er état : avant la crevasse qu'on voit, dans les épreuves suivantes, sur le tronc de l'arbre du second plan, à la hauteur de l'aisselle d'Adam ; elle est tirée sur papier à tête de bœuf ; excessivement rare de cette qualité. Colons Hillier 1603 et Brodhurst.

167. La nativité (2).

Très belle épreuve.

168. JÉSUS-CHRIST en prière au jardin des Oliviers (19).

Pièce gravée à l'eau forte sur acier.

Très belle épreuve avant les taches de rouille qui apparurent plus tard au haut et au bas de l'estampe.

169. JÉSUS-CHRIST expirant sur la croix (24).

Superbe épreuve. Colon Sackville Bale.

170. La face de Jésus-Christ (25).

Superbe épreuve. Colon Artaria.

171. L'enfant prodigue (28).

Superbe épreuve.

172. La Vierge aux cheveux longs liés avec une bandelette (30).

Très belle épreuve.

173. La Vierge à la couronne d'étoiles (31).

Magnifique épreuve, une des plus belles connues. Colons Ortelius, Comte de Fries, Verstolk de Soelen, et de Katt.

174. La Vierge allaitant l'enfant Jésus (34).

Magnifique épreuve.

175. La Vierge avec l'enfant Jésus emmailloté (38).

Superbe épreuve. Colon du Duc de Beuccleugh.

176. La Vierge couronnée par deux anges (39).

Très belle épreuve.

177. Les disciples de Jésus-Christ ; suite de cinq pièces (46-50).
Très belles épreuves.

178. Saint Christophe (52).
Très belle épreuve. Colon Fisher.

179. Saint Georges à cheval (54).
Très belle épreuve.

180. Saint Hubert ou Saint Eustache (57).
Superbe épreuve tirée sur papier à la grande couronne. Colon Brodhurst.

181. Saint Antoine (58).
Superbe épreuve.

182. Saint Jérôme, dans sa cellule (60).
Très belle épreuve ayant une marge d'environ un centimètre au bas et au haut de l'estampe.

183. La Sorcière (67).
Superbe épreuve.

184. La Mélancolie (74).
Superbe épreuve.

185. La petite fortune (78).
Superbe épreuve.

186. Le petit courrier (80).
Superbe épreuve. Colons Mariette 1661 et Dreux.

187. La dame à cheval (82).
Très belle épreuve. Colon Gawet.

188. Le Paysan et sa femme (83).
Superbe épreuve.

189. L'oriental et sa femme (85).
Superbe épreuve. Colon Mariette 1668.

190. Les trois paysans (86).
Superbe épreuve ayant une grande marge. Colon Cornill d'Orville.

14.800. 191. L'assemblée des gens de guerre (88).

Magnifique épreuve, une des plus belles connues; l'extrémité de l'ange droit a été rapportée. Col$^{ons}$ Maberly et S$^{t}$ John Dent.

850 192. Le Joueur de Cornemuse (91).

Superbe épreuve. Col$^{on}$ S$^{t}$ John Dent.

840 193. Le petit cheval (96).

Très belle épreuve tirée sur papier à tête de bœuf.

1800. 194. Le Seigneur et la Dame (94).

Superbe épreuve. Col$^{ons}$ W. Esdaile et Fisher.

9.200 195. Le cheval de la mort (98).

Superbe épreuve. Col$^{on}$ J. Barnard.

4.900. 196. Les armoiries à tête de mort (B. 101).

Magnifique épreuve. Col$^{on}$ P. Mariette 1667.

830 197. ALBERT DE MAYENCE, vu de face (102).

Superbe épreuve. Col$^{on}$ Von Enzenberg,

1200 198. FRÉDÉRIC, électeur de Saxe (104).

Superbe épreuve.

500 199. PHILIPPE MÉLANCHTON (105).

Très belle épreuve.

5.000 200. ERASME DE ROTTERDAM (107).

Superbe épreuve ayant une petite marge. Col$^{on}$ S$^{t}$ John Dent.

*Pièces gravées sur bois.*

280 201. Titre de la seconde édition de l'Apocalypse (60).

Superbe épreuve du 1$^{er}$ état : avant l'impression au verso.

3600 201 *bis*. L'Apocalypse de Saint Jean. Suite de 16 pièces (60-75).

Très belles épreuves de la 1$^{re}$ édition : avec le texte imprimé en allemand au verso. Col$^{ons}$ Fisher et Artaria.

180 202. SAINT JOACHIM embrassant la Vierge sous la porte d'or (79).

Très belle épreuve avant le texte au verso. Col$^{on}$ Cornill d'Orville.

1600. — petite passion

203. La naissance de la Vierge (80).

Très belle épreuve avant le texte au verso, tirée sur papier à tête de bœuf.

204. La fuite en Égypte (89).

Très belle épreuve avant le texte au verso.

205. La mort de la Vierge (93).

Très belle épreuve avant le texte au verso.

206. Saint Christophe traversant l'eau (103).

Superbe épreuve. Col^on Cornill d'Orville.

207. Saint Élie accompagné d'un autre saint (107).

Très belle épreuve. Col^on Artaria.

208. L'empereur Maximilien, en buste dans une riche bordure (153). Grand in-f°.

Superbe épreuve tirée sur parchemin. Col^on Didot.

## DUVAL (Marc)

209. Albret (Jeanne d'), reine de Navarre (R. D. 4). In-8°.

Très belle épreuve d'un portrait fort rare; la bordure manque.

## DYCK (Antoine van)

210. Jésus couronné d'épines.

Superbe épreuve du 2^e état : avant les mots *aqua forti* à la suite du nom de Van-Dyck et avant le mot *Regis* après la mention *Cum Privilegio*.

211. Ant. Van Dyck (Duluit 3).

Très belle épreuve du 2^e état : la planche terminée par J. Neefs, mais avant que l'année 1645 ait été effacée.

## DYCK (D'après Antoine van)

212. Rubens (P. P.), par P. Pontius (Duluit 68).

Superbe épreuve du 2^e état : avec le titre écrit en une seule ligne et avant le nom du graveur.

213. Callot (J.), célèbre graveur, par Vorsterman (83). In-4°.

Très belle épreuve du 1^er état : avec le titre en une seule ligne et avant le nom du graveur. Grande marge.

214. Van Dyck, par L. Vorsterman (86).

Superbe épreuve du 1er état : avec le titre en une seule ligne et avant le nom du graveur. Colon Archinto.

215. Le Christ mort sur les genoux de la Vierge, par P. Pontius.

Superbe épreuve.

## EDELINCK (Gérard)

216. La Sainte Famille, d'après Raphael (R. Dumesnil 4).

Superbe épreuve avant les armes de l'abbé Colbert au milieu du bas de la composition.

217. Berry (Charles, duc de), petit-fils de France, d'après De Troy (147). In-fo.

Très belle épreuve.

218. Bossuet (Jacques-Benigne), évêque de Meaux, d'après H. Rigaud (156). In-4o.

Deux épreuves dont l'une, très belle et du 1er état, est avant un point après le nom de Rigaud.

219. Bourgogne (Louis, duc de), fils de France, d'après De Troy (158). In-fo.

Très belle épreuve. Grande marge.

220. Champagne (Philippe de), peintre du Roi et recteur de l'Académie royale de peinture, d'après lui-même (164). In-fo.

Chef-d'œuvre du Maître.

Magnifique épreuve du 2e état (on ne connaît qu'une épreuve du 1er) : avant le trait échappé presque perpendiculairement sur le ciel et les feuilles à gauche de la composition, signée P. Mariette, 1676. Excessivement rare de cette qualité.

221. Colbert (J.-Baptiste), ministre d'État, d'après P. Mignard et Ch. Lebrun (171). In-fo en largeur.

En buste, dans une bordure ovale de feuilles de chêne entourée de figures allégoriques et de médaillons emblématiques. Superbe épreuve.

222. D'Aligre (Étienne), chancelier de France, buste fort comme nature, d'après Nanteuil (178). Grand in-fo.

Superbe et très rare épreuve du 1er état : avant toutes lettres.

223. Galles (Jacques-François-Édouard, prince de), d'après M. de Largillière (212). In-f°.

Superbe épreuve du 1er état : avant l'inscription sur la face du socle ; excessivement rare. Colon Didot.

224. Huet (Pierre Daniel), évêque de Soissons, puis d'Avranches (224). In-f°.

Superbe épreuve du 1er état : avant que le mot *suessionensis*, qui finit l'inscription dans la bordure, ait été remplacé par *abrincensis*.

225. Huygens (Chrétien), membre de l'Académie des sciences (225). Petit in-f°.

Très belle épreuve du 1er état : avant le nom de l'artiste.

226. La Fontaine (Jean de), d'après H. Rigaud (230). In-f°.

Superbe épreuve.

227. La Vallière (Louise-Françoise de la Baume-Leblanc, duchesse de), (237). In-4°.

Très belle épreuve. Marge.

228. Louis XIV, roi de France, d'après Jean de la Haye (256). In-f°.

Magnifique épreuve du 1er état : avant toutes lettres. Excessivement rare.

229. Louvois (François-Michel Le Tellier, marquis de), ministre d'État, d'après Mignard (261). In-f° en largeur.

Superbe épreuve du 2e état : avant le nom de Mignard. Très rare.

230. Montespan (Françoise-Athénaïs de Rochechouart, marquise de), d'après Benoist (278). In-4°.

Très belle épreuve.

231. Noailles (Anne-Jules, duc de), maréchal de France, d'après H. Rigaud (283). In-f°.

Très belle épreuve du 1er état : avant que les vers, sur la face de la console, commençant par ces mots, *Dans des apres Rochers*, aient été remplacés par d'autres commençant ainsi, *Ce vainqueur en tout temps*.

232. Anjou (Philippe, duc d'), depuis Philippe V, d'après De Troy (294). In-f°.

Très belle épreuve.

233. Ulrique-Eleonore, reine de Suède, d'après Ehrenstrâhl (331). Petit in-f°.

Superbe épreuve du 1er état : avant toutes lettres et avant les armoiries dans le rond tracé à cet effet. Fort rare.

234. Villeroy (François de Neufville, duc de), maréchal de France (337). In-f°.

Superbe épreuve du 1er état : avant de nombreux travaux sur le ciel. Très rare.

235. Arnauld. — Édouard Colbert, marquis de Villacerf. — Michel Le Tellier. — Racine. — H. Rigaud, 5 portraits in-4° et in-f°.

Très belles épreuves.

236. Descartes (René). — Furetière (Antoine). — Pascal (Blaise), 3 portraits petit in-f°.

Très belles épreuves.

## EDELINCK (Nicolas)

237. Sévigné (Marie de Rabutin-Chantal, marquise de), d'après Nanteuil. In-8°.

Deux épreuves dont l'une, très belle, et du 1er état est avant le trait d'union entre les mots *Rabutin* et *Chantal* (celui qu'on voit est manuscrit). Marge.

## ELSTRAKE (Renold)

238. Darnley (Henri Stuart, Lord), époux de Marie-Stuart. In-8°.

Très belle épreuve avec marge, très rare. Col[on] Didot.

## FABER (John)

239. Caroline, reine de la Grande-Bretagne, en pied et en buste. — Georges, prince de Galles. 3 portraits gravés à la manière noire.

Très belles épreuves.

## FAITHORNE. (William)

240. Bragance (Catherine de), reine de la Grande-Bretagne. In-f°.

Très belle épreuve avant l'altération de la planche. Col$^{on}$ S$^{t}$ John Dent.

241. Fairfax (Lord Thomas), Petit in-f°.

Superbe et très rare épreuve du 2$^{e}$ état : avec seulement le nom de Faithorne et avant toute adresse. Col$^{on}$ Didot.

## FALCK (Jérémias)

242. Charles-Gustave, roi de Suède, d'après D. Beck, in-f°.

Très belle épreuve.

243. Copernic (Nicolas), célèbre astronome. In-f°.

Très belle épreuve remargée. Excessivement rare.

244. Christine, reine de Suède, d'après D. Beck, 1649. In-f°.

Superbe épreuve. Marge.

245. Christine, reine de Suède, d'après D. Beck, 1653. In-f°.

Très belle épreuve.

246. Frédéric III, roi de Danemark. In-f°.

Superbe épreuve, Col$^{on}$ Brentano.

247. Gonzague (Louise-Marie de), reine de Pologne et de Suède, d'après Juste d'Egmont. In-f°.

Très belle épreuve.

248. Horn (Gustave), comte de Biornebourg, d'après D. Beck. In-f°.

Superbe épreuve.

249. Louis XIII, roi de France, d'après J. d'Egmont. In-f°.

Très belle épreuve.

250. Montpensier (Anne-Marie-Louise d'Orléans, duchesse de), d'après J. d'Egmont, 1643. In-f°.

Très belle épreuve.

251. Oxenstiern (Gabriel), chancelier de Suède, d'après D. Beck. In-f°.

Superbe épreuve.

252. Torstenson (Léonard), d'après D. Beck. In-f°.

Très belle épreuve.

253. Tycho-Brahé, célèbre astronome. 1544. In-f°.

Superbe épreuve avant toutes lettres. De la plus grande rareté.

## FICQUET (Étienne)

254. Fénelon (De Lamothe), d'après Vivien (Faucheux 58). In-8°.

Superbe épreuve avant les noms des artistes. Marge.

255. Fagon (Guy-Crersent), premier médecin du Roy. — Leibnitz (Godefroy-Guillaume), 2 portraits in-8° et in-4° (56 et 87).

Très belles épreuves, le portrait de Fagon est avant toutes lettres et a toute sa marge.

256. Regnard, d'après H. Rigaud (122). In-8°.

Très belle épreuve avant les noms des artistes. Marge.

257. Rousseau (Jean-Baptiste), d'après Aved (131). In-8°.

Superbe épreuve avant les noms du personnage sur la face du socle et avant les noms des artistes. Grande marge.

258. Rousseau (Jean-Jacques), d'après La Tour (132). In-8°.

Très belle épreuve avant les noms des artistes. Marge.

259. Molière. — Montaigne. — Voltaire, 3 portraits in-8°.

Très belles épreuves.

## FISHER (Edward)

260. Pitt (William), duc de Chatam, en pied, gravé à la manière noire d'après R. Brompton. Grand in-f°.

Très belle épreuve.

## FORNAZERIS (Jacques de)

261. Savoie (Charles-Emmanuel, duc de), à cheval et caracolant; le fond représente une grande et longue cavalcade allant de Chambéry à Turin. In-f°.

Très belle épreuve. Fort rare.

## FRAGONARD (D'après Honoré)

262. L'Amour. — La Folie.

Deux charmantes pièces ovales, faisant pendants, gravées par Janinet.

Superbes épreuves imprimées en couleurs; elles sont très fraîches et ont de très grandes marges. Excessivement rares de cette qualité.

## FREIDHOFF (Jean-Joseph)

263. Dessau (François-Léopold-Frédéric, duc de), en pied tenant en main son bâton de commandement; le fond représente la vue du siège d'une ville. Grande estampe gravée à la manière noire.

Très belle épreuve sans marge.

## FRIESLHIEN (Pierre)

264. Estaing (Charles-Henri, comte d'), vice-amiral de France. In-f°.

Très belle épreuve imprimée en couleurs.

## FROSNE et GRIGNON

265. Montausier (Charles de Sainte Maure, marquis de), gouverneur de Mgr le Dauphin. 2 portraits in-f°.

Très belles épreuves.

## GAILLARD (Robert)

266. Beaumont (Christophe de), archevêque de Paris, d'après Chevallier. In-f°.

Deux épreuves dont l'une, très belle, est avant toutes lettres.

## GAILLARD (François)

267. Pie IX. In-f°.

Superbe épreuve, sur chine, avant les mentions : *Dessiné d'après nature à Rome*, etc. et plus tard, *publié chez l'auteur*, etc. Dédicace à W. Georges.

268. Léon XIII. In-f°.

Très belle épreuve sur chine.

## GANTREL (Étienne)

268 *bis*. Tourville (Anne-Hilarion de Costentin, comte de), maréchal et vice-amiral de France. In-f°.

Très belle épreuve légèrement rognée. Fort rare.

## GAULTIER (Léonard)

269. « Pourtraitz de plusieurs hommes illustres qui ont flory en France depuis l'an 1500 iusques a présent. »

Suite de cent quarante-quatre petits portraits connue sous le nom de *Chronologie collée*.

Cette collection est d'autant plus intéressante qu'on ne connaît point d'autres portraits de certains personnages.

Très belles épreuves, plus le titre et le texte explicatif collés sur cinq feuillets.

270. Henri IV, roi de France. — Marie de Médicis, reine de France, 2 portraits in-8°.

Superbes épreuves.

271. Joyeuse (Anne, duc de), pair et amiral de France. In-8°.

Belle épreuve. Très rare.

272. Louise de Lorraine, reine de France. — Guise (Duchesse de). — Nemours (Duchesse de), 3 portraits in-8°.

Très belles épreuves.

273. Amyot (Jacques). — Brisson (Barnabé). — Charron (Pierre). — Gondy (Henri de), archevêque de Paris. — L'Hospital (Michel de), chancelier de France. — Pasquier (Étienne). 6 portraits in-8°.

Très belles épreuves.

274. Montpensier (Henri de Bourbon, duc de). — Condé (Henri II de Bourbon, prince de), père du grand Condé. — Longueville (Henri II d'Orléans, duc d'), gouverneur de Picardie. — Guise (Charles de Lorraine, duc de), grand maître de France. — Épernon (Jean J. L. de Nogaret de La Valette, duc d'). 5 portraits, in-8°.

Très belles épreuves.

## GELÉE (Claude), dit le LORRAIN

275. Le Naufrage (Robert Dumesnil 7).

Très belle épreuve. Petite marge.

276. La Danse au bord de l'eau (6).

Très belle épreuve avec les fonds apparents. Colons Gersaint et Liphart.

277. Le Bouvier (8).

Très belle épreuve du 3e état : avec le chiffre 4 dans la marge de gauche, mais avant que le petit oiseau. que l'on voit distinctement à l'extrémité de la touffe de l'arbre de gauche qui avance le plus, ait presque totalement disparu sous quelques traits de pointe sèche simulant un nuage ; petite marge. Colons H. Weber et Dreux.

278. La Danse sous les arbres (10).

Superbe et rare épreuve du 2e état : avec le no 6 gratté, mais avant que les angles de la planche aient été arrondis et avec les montagnes du fond très apparentes ; petite marge. Colon La Motte-Fouquet.

279. Scène de brigands (12).

Magnifique épreuve du 1er état : avant le numéro, avant le nom du maître dans la marge du bas, avant la suppression de la cinquième feuille du palmier et avant que le rocher, ressemblant à un buisson, qui se trouve vers le milieu, près des arbres de droite, ait été retravaillé et que les dentelures qui le couronnent aient été effacées ; de la plus grande rareté. Colon Seymour Haden.

280. Le Soleil levant (15).

Magnifique épreuve du 2e état : avant le nom du maître dans la marge inférieure, avant le numéro 11 dans celle de gauche, mais avec les lettres C. L. A. sur la planche placée sur le terrain, au milieu de la composition ; petite marge. De la plus grande rareté en cet état et de cette qualité.

281. Le Départ pour les champs (16).

Très belle épreuve.

282. Le Troupeau en marche par un temps orageux (18).

Très belle épreuve du 2e état : avec l'inscription dans la marge inférieure. mais avant les éraillures, notamment les deux traits, en coupant un troisième, qui se voient sur le ciel, à gauche de la grosse tour. Marge.

## GÉRICAULT (Théodore)

283. Retour de Russie (Clément 12), pièce imprimée à deux teintes.

Superbe épreuve du 1er état : avant la lettre et avec l'adresse de Motte. Rare.

## GOLE (Jakob)

284. Jurieu (Pierre), ministre calviniste à Sédan, puis à Rotterdam ; gravé à la manière noire. In-f°.

Superbe et très rare épreuve avant toutes lettres.

## GOLTZIUS (Heinrich)

285. Fréderic II, roi de Danemark, à mi-corps dans une bordure ovale (Bartsch 165). In-8°.

Très belle épreuve. Très grande marge.

286. Henri IV, roi de France et de Navarre, décoré des colliers des ordres de Saint-Michel et du Saint-Esprit (173). In-f°.

Magnifique épreuve d'un tout 1^er^ état non décrit : avant que l'adresse de Paul de la Houve ait été précédée de la mention : *Avec privilège du Roy* et suivie de l'adresse, *au Palais*. De la plus grand rareté, sinon unique.

287. La même Estampe.

Très belle épreuve du 1^er^ état décrit : avant que l'adresse de Paul de la Houve ait été biffée, puis remplacée par celle de H. Adolfz.

288. Orange (Guillaume, prince d'). — Orange (Charlotte de Bourbon-Montpensier, femme de Guillaume, prince d'), 2 portraits, petit in-f°, dans des bordures ovales entourées d'ornements et de sujets emblématiques (178 et 179).

Superbes épreuves du 1^er^ état : avant le monogramme *H. h ex* (H. Hondius). Extrêmement rares.

289. Scaliger (Joseph). — Scaliger (Jules-César), 2 portraits, petit in-f°, faisant pendants (183-184).

Superbes épreuves signées *P. Mariette, 1694*.

## GREEN (Valentin)

290. Genlis (Étienne-Félicité Ducrest, comtesse de), gravé à la manière noire d'après S. de Mirys. In-f°.

Très belle épreuve. Rare.

## GUNST (Pierre van)

291. Frédéric-Guillaume, roi de Prusse, d'après A. Boonen. In-f°.

Deux très belles épreuves dont l'une est avant toutes lettres.

292. Malborough (Jean, baron de Churchill, duc de), à mi-jambes, d'après Vander Werf. In-f°.

Deux très belles épreuves dont l'une, très rare, est avant toutes lettres.

## HABERT (Nicolas)

293. Fontanges (Marie-Angélique de Scoraille, duchesse de), d'après Mignard, buste fort comme nature. Grand in-f°.

Très belle épreuve. Rare.

## HISTORIQUES (Pièces)

294. Tableaux des Guerres, massacres, troubles et autres événements remarquables advenus en France, de 1559 à 1570. (Robert Dumesnil 1-40).

Précieuse suite de quarante estampes, y compris l'avis au lecteur, qui sert de titre, gravées sur bois et sur cuivre par *Jean Tortorel et Jacques Périssin.*

Les épreuves sont très belles, toutes ont le texte français; 30 sont gravées sur cuivre et 10 sur bois, de plus, six pièces, les n°s 12, 20, 21, 22, 26 et 34 sont en doubles épreuves gravées sur cuivre et sur bois, ce qui porte le nombre total des pièces de cet exemplaire à 46, quelques-unes ont de légères épidermures au verso.

294 *bis*. Procession de la Ligue : *amburbica armata sacra colarum agminis pompa Lutetiæ 1593,* etc. Grande estampe anonyme en largeur, de deux feuilles assemblées.

Superbe épreuve. Excessivement rare.

295. Assassinat de Henri III, par J. Clément. Pièce anonyme en largeur (L. Gaultier?).

Très belle épreuve.

296. Jubilé de 1575 à Rome. — Fêtes et Cérémonies de différents Conclaves. 7 pièces in-f°.

Très belles épreuves.

297. Portraits du pape Clément VIII et du roi Henri IV aux deux côtés d'une colonne terminée par une croix. — Carte de France, 1591, entourée d'une bordure où se voit le portrait de Henri IV. — Fêtes triomphales que Paris fit à Alexandre Farnèse. — Assassinat de Henri IV. 4 pièces gravées par Thomassin, R. de Hooghe et Luyken.

Très belles épreuves.

298. « Réduction miraculeuse de Paris dans l'obéissance du Roy très chrétien et comme sa Majesté y entra par la porte neufve le mardy 22 de mars 1594. »

« Comme le Roy alla incontinent à l'église de Nostre-Dame rendre grâces solennelles à Dieu de cette admirable réduction de la ville capitale de son Royaume. »

« Comme sa Majesté le mesme jour, estait à la porte Saint-Denis voir sortir, hors de Paris, les garnissons estrangeres que le Roy y entretenait. »

Suite de trois pièces, gravées au burin, accompagnées de légendes en français. *Jean le Clerc, ex., N. Bollery. fec.*

Très belles épreuves.

299. Henri IV, Gabrielle d'Estrées, César de Bourbon, duc de Vendôme, Catherine et Henriette de Bourbon et divers personnages de la Cour. *L. Gaultier sculpsit 1602. — J. le Clerc excud.*

Cette estampe a été considérée pendant longtemps comme représentant la famille légitime de Henri IV, alors qu'elle représentait celle de sa maîtresse.

Superbe et très rare épreuve avant la retouche; elle est coupée au trait carré. Excessivement rare.

300. La même Estampe.

Très belle épreuve entièrement retravaillée.

301. Henri IV guérissant les écrouelles. *P. Firens fecit.*

Très belle épreuve.

302. « Représentation des Cérémonies et de l'ordre gardé au Baptême de Monseigneur le Dauphin et de Mesdames

ses sœurs à Fontainebleau, le 14 jour de Septembre 1606. » *Avec privilège du Roy. J. Le Clerc ex., L. Gaultier sculp., 1606.*

Très belle épreuve, le titre manque.

303. Assassinat de Henri IV; au-dessus du sujet principal différentes scènes du supplice de Ravaillac.

Très belle épreuve remargée.

304. « Pourtraict du sacre et couronnement de Marie de Médicis, Royne très chrestienne de France et de Navarre, fait a Sainct Denis en France, le jeudy 13 May 1610. *J. Le Clerc excud. avec privilège du Roy. — L. Gaultier sculpsit 1610.*

Très belle épreuve, le titre manque.

305. « Le Portraict de très hault et très puissant, très excellent prince Henry le Grand, par la grâce de Dieu, Roy de France et de Navarre, très chrestien, très Auguste, très victorieux et incomparable en Magnanimité et Clémence qui trespassa en son Palais du Louvre, le vendredy 14$^e$ de May 1610. » *F. Quesnel pinx.*; *J. Briot fecit.* Planche accompagnée d'une légende, *A Paris, chez Nicolas de Mathonière, rüe Mont-Orgueil, à la Corne de Dain, 1610* (R. D. 125).

Superbe épreuve avec la légende entourée d'une petite bordure en dentelles; elle est dans un parfait état de conservation, moins une petite partie de cette bordure, en haut, à gauche, qui a été rapportée. Excessivement rare de cette qualité.

306. « Le sacre de Louis XIII. » *F. Quesnel pinxit, 1610, P. Firens sculpsit*; on lit au bas dans la marge douze vers : *Ainsi que le soleil sur les astres des cieux*, etc.

Très belle épreuve. Rare.

307. « La Régence de la Royne et son prudent gouvernement du Roy et des enfants de France. » *L. Gaultier inc, 1613 — Jean Le Clerc excudit.*

Magnifique épreuve d'une pièce de la plus grande rareté faisant pendant à la famille du Roi et de Gabrielle d'Estrées (N° 299 du présent catalogue); on y voit représentés MARIE DE MÉDICIS, LOUIS XIII, GASTON et HENRIETTE DE FRANCE, enfants au milieu des principaux personnages de la cour.

308. « Dessein des pompes et magnificences du Carousel faict en la place Royalle à Paris, le V, VI, VII apvril 1612 », par *C. Chatillon.*

Superbe épreuve, manque le titre.

309. « Ordre et séance des Estats Généraux de France tenus et ouverts à Paris, le 27 octobre M. D. C. XIV. » *Joan, Ziarnko Polonus fecit.*

Très belle épreuve. Excessivement rare.

310. Mariages de Louis XIII et d'Anne d'Autriche; de Philippe d'Autriche et d'Elisabeth de France, 1615. *Nicolas de Mathoniere excudit.*

Très belle épreuve.

311. Pièce allégorique sur les treves de douze ans conclues entre les Pays-Bas et l'Espagne.

Grande estampe, en trois feuilles assemblées, gravée par un habile artiste hollandais au commencement du XVIIe siècle. Très belle épreuve.

312. Conspiration des poudres, à Londres. (Portraits des conspirateurs.) Pièce en largeur gravée par Ulrich.

Très belle épreuve. Grande marge.

313. « L'ordre manière et séance de Sa Majesté Britanique avec les Seigneurs spirituelz et temporelz dans le Hault Parlement. » Pièce anonyme en largeur.

Très belle épreuve.

314. ANNE D'AUTRICHE, reine-régente de France, ayant à ses côtés LOUIS XIV, et PHILIPPE DE FRANCE, enfants; dans le fond, la bataille de Rocroy.

Ancienne et très belle épreuve. Col[on] de Béhague.

315. « La naissance du Dauphin. *A Paris; chez Baltasar Montcornet.* » Almanach pour l'année 1662.

Très belle épreuve.

316. « La marche royale du grand carousel fait à Paris le 5 et 6e juin de l'année 1662. » *A Paris, chez N. Regnesson, rue S. Jacques au Seraphin.* Intéressant et bel almanach pour l'année 1663.

Très belle épreuve.

317. « La paix triomphante entre la France et l'Espagne par l'entremise de l'Eglise fait renoître l'abondance et le comerce par toute l'Europe. » *A Paris, chez Pierre Bertrand.* Grand almanach pour l'année 1669.

Très belle épreuve.

318. « La ratification de la paix entre les deux couronnes de France et d'Espagne. » *A Paris, chez N. de Poilly,* Grand almanach pour l'année 1669.

Belle épreuve.

319. « Relation du tumulte arrivé à la Haye le samedi 20 août 1672, avec la mort de Messieurs Jean et Corneille de Witt. » *Romyn de Hooghe del et sc., 1672;* pièce accompagnée d'une légende explicative en Français et en Hollandais.

Très belle épreuve.

320. « Le siège et la prise de la ville et du Chasteau de Limbourg par l'armée du Roy, le 21 Juin 1675. » *A Paris, chez N. Langlois.* Grand almanach pour l'année 1676.

Très belle épreuve.

321. « La prise de la ville de Bouchain par l'armée du Roy commandée par Monsieur, frère unique de Sa Majesté, le 12 may 1676 ». *A Paris, chez N. Bonnart.* Grand almanach pour l'année 1677.

Très belle épreuve.

322. « La publication de la paix entre la France, l'Espagne et les estats des Provinces-unies des Pays-Bas, faite à Paris, celle de Hollande le 29 septembre et celle d'Espagne le 26 décembre 1678. » Almanach pour l'année 1679.

Belle épreuve, la partie inférieure où se trouve l'almanach manque.

323. « Cérémonie du mariage de Charles II, roy d'Espagne, avec Marie-Louise d'Orléas (sic). » *Dessigné et gravé sur les lieux par P. Brissart.*

Très belle épreuve.

324. « L'alliance renouvellée entre la France et l'Espagne par l'Auguste mariage de Charles II, roi d'Espagne, avec Marie-Louise d'Orléans, fille unique de Monsieur, frère aîné de Louis le Grand... » *A Paris, chez la Veuve Bertrand.* Très beau et très intéressant almanach pour l'année bissextile 1680.

Très belle épreuve.

325. *William Penn's treaty with the Indians, when he founded the Province of Pensylvania in North America* 1681. — Troubles à Amsterdam. 2 pièces gravées d'après B. West et Vinkeles.

Très belles épreuves avant et avec la lettre.

326. « La naissance de Monseigneur le Duc de Bourgogne, à Versailles, le 6 aoust 1682 et les réjouissances les plus remarquables qui en ont été faites à Paris dans chaque corps. » *A Paris, chez N. Langlois.* Très beau et très intéressant almanach pour l'année 1683.

Superbe épreuve avant le calendrier.

327. « Le Roi signant la lettre entre la France, l'Empereur, l'Empire et les Provinces unies. » *A Paris, chez J. Montcornet.* Très bel almanach pour l'année 1685.

Très belle épreuve avant le calendrier.

328. « La soumission de la République de Gennes, faite à Sa Majesté par son Doge accompagné de quatre sénateurs à Versailles, le 15 May 1685. » *A Paris, chez N. Langlois.* Grand almanach pour l'année 1686.

Très belle épreuve.

329. La famille de Monseigneur le Dauphin de France, 1688. *N. Arnoult fecit.*

Très belle épreuve. Fort rare.

330. « Le branle des Provinces conquises sur les Turcs ou la décadence de l'Empire Ottoman ». *A Paris, chez Gérard Jollain.* Grand almanach pour l'année bissextile 1688.

Très belle épreuve.

331. « Louis le Grand donnant ses ordres au siège de Namur. » *A Paris, chez F. Gérard Jollain.* Grand almanach pour l'année 1693.

Très belle épreuve.

332. « Les Illustres projets de Louis le Grand heureusement exécutez par luy mesme. » *A Paris, chez Nicolas de Larmessin.* Grand almanach pour l'année 1693.

Très belle épreuve.

333. Première, seconde, troisième, quatrième et sixième chambres des Appartements. Cinq pièces gravées par Ant. Trouvain ;

*Première chambre :* M^gr le duc d'Anjou, le duc de Berry, le prince de Galles et le comte de Brionne, jouant aux billes.
*Seconde chambre :* Monseigneur, Madame la princesse de Conty douairière, Monseigneur et Madame la duchesse de Bourbon et M^gr de Vendôme, jouant aux cartes.
*Troisième chambre :* Le Roy, Monsieur, M. le duc de Chartres, M. le comte de Toulouse, M. le duc de Vendôme, M. d'Armagnac et M. de Chamillart, jouant au billard.
*Quatrième chambre :* M^gr le duc de Bourgogne, M^me la duchesse de Chartres, Mademoiselle, M^me la duchesse du Maine, M^me la princesse de Conty, au théâtre.
*Sixième chambre :* Le buffet.
Très belles épreuves, la première chambre (Le jeu de billes) est sans aucune marge, la troisième (Le billard) a une grande marge et la sixième (Le buffet) est remargée. Fort rares.

334. LA FAMILLE DE LORRAINE, gravé par Trouvain, d'après Garafait.

M^gr ET M^me LA DUCHESSE DE LORRAINE, le Prince CHARLES, évêque d'Osnabruck, le Prince JOSEPH et le Prince FRANÇOIS.
Très belle épreuve. Rare.

335. L'Auguste famille de MONSEIGNEUR LE DAUPHIN (fils de Louis XIV), gravé par Thomassin, d'après P. Mignard. Grand in-f° en largeur.

Très belle épreuve. Marge.

336. « Le Mérite récompensé par Louis le Grand dans la distribution des dignitez de l'Église et des charges de l'État et les expéditions militaires de l'année 1695. »

*A Paris, chez P. Langlois.* Très bel almanach pour l'année 1696.

Très belle épreuve avant le calendrier.

337. « L'alliance de la France et de la Savoye et la réception faite par le Roy à Madame la Princesse de Savoye à Montargis, le 4 novembre 1696, avec les autres honneurs rendus à cette Princesse à son arrivée en France. » *A Paris, chez N. Langlois.* Très beau et très intéressant almanach pour l'année 1697.

Très belle épreuve.

338. « Les dernières conquêtes de Louis le Grand couronnées par la paix générale qu'il vient de donner à l'Europe. » *A Paris, chez Nicolas de Landry.* Grand almanach pour l'année 1698.

Très belle épreuve.

339. « Cérémonies observées à Paris pour l'érection de la statue équestre de Louis le Grand, élevée en l'honneur de ce monarque et consacrée dans la place appellée de son nom, le 13 aoust 1699, par MM. le Gouverneur Prévôt des Marchands et Échevins de cette ville. » *A Paris, chez N. Langlois.* Grand et très intéressant almanach pour l'année 1700.

Très belle épreuve.

340. « Entrevue de leurs Altesses Monseigneur le Duc et Madame la Duchesse de Lorraine. » Grand almanach pour l'année 1699.

Très belle épreuve.

341. « La bénédiction nuptiale donnée solennellement au roy et à la reine d'Espagne à Figuieres le 5 novembre 1701. » *A Paris, chez F. et G. Landry.* Grand almanach pour l'année 1702.

Très belle épreuve.

342. « Brisak, capitale du Brisgou, réduite à l'obéissance du Roy, en douze jours, par son armée victorieuse, commandée par Monseigneur le duc de Bourgogne,

le 7 septembre 1703. » *A Paris, chez N. Langlois.* Grand almanach pour l'année 1704.

Très belle épreuve.

343. Réception de Jacques II à Saint-Germain en Laye, par le roi Louis XIV. — Bataille de la Hogue. — Bataille de Malplaquet. 3 pièces, in-f°, gravées par Romeyn de Hooghe.

Très belles épreuves.

344. Réduction de la ville de Marsal, 1663. — Louis XIV visitant l'Observatoire. — Le Roy accepte le testament de Charles II. — Publication de la Paix. — La marche et cérémonie observée à la publication de la paix. — Marche et convoy funèbre de Louis le Grand. — La Chambre du trespas de Louis XIV, etc. 10 pièces par divers artistes.

Très belles épreuves.

345. « Le Roi Louis XV tenant son lit de justice pour la première fois en son Parlement à Paris, le 12 septembre 1715. » *Dessiné sur le lieu par F. Delanonce. — De Poilly fecit.*

Très belle épreuve.

346. Délivrance des prisoniers d'état et Rappel des Exilés. — Liberté rendue aux exilés. — Le magnifique portrait de l'Église cathédrale de Notre-Dame de Reims. — Perspective de Westminster le jour du couronnement de Jacques III. 4 pièces.

Très belles épreuves.

347. Rue Quinquempoix, en l'année 1720. — Hôtel de Soissons en 1720. *Humbelot fecit.* 2 pièces.

Très belles épreuves, la première pièce est avant les inscriptions, dans la tablette. de chaque côté du titre.

348. Mort du chevalier d'Assas. — Discours du Roi à l'assemblée des Notables, 1787.

Très belles épreuves; la première pièce, gravée d'après Moreau, est avant la lettre et la seconde est tirée en bistre.

349. « *The nuptials of his Royal Highness the Prince of Wales with her serene Hihgness the Princess Caroline of Brunswick, in the Chapel Royal at St-James April 8 1795.* Grande pièce, en largeur, gravée par J. Whefsell, d'après Singleton.

Très belle épreuve.

350. Fête donnée à Mantoue à l'occasion de la Paix de 1802. — Bal donné à l'Hôtel de ville lors du Sacre de l'Empereur. — Esquisse représentant la réunion des souverains accompagnant l'Empereur au bal donné par l'Hôtel de Ville de Paris, le 4 décembre 1809. — L'Empereur et sa cour, au Louvre en 1810. — Champ de mai, 1814. — Entrée de Louis XVIII à Paris. 6 pièces.

Très belles épreuves avant la lettre ou à l'état d'eau-forte.

351. Bivouac des Cosaques aux Champs-Élysées, à Paris, le 31 mars 1814 ; gravé par Jazet, d'après Sauerweid.

Superbe épreuve, avant toutes lettres, imprimée en couleurs ; elle est de la plus grande fraîcheur et a sa marge entière non ébarbée.

## HOLLAR (Wenceslas)

352. Charles II, roi d'Angleterre, à mi-corps, couvert de son armure, et tenant en main le bâton de commandement ; gravé d'après Diepenbeke. In-f°.

Très belle épreuve ; rare. Col^on St John Dent.

353. Charles II, roi d'Angleterre, d'après Van Dyck. Petit in-f°.

Très belle épreuve du 2e état : avec la mention *natus a°* 1630, à la suite du mot *Rex*, mais avant qu'à la suite du nom de Hollar les mots *et ex* aient été effacés. Très grande marge.

354. Clèves (Anne de), d'après Holbein. In-4°.

Superbe épreuve. Col^on Defer-Dumesnil.

355. Essex (Robert Devereux, comte d'), à cheval, 1643. Petit in-f°.

Très belle épreuve.

356. La Bourse d'Amsterdam.

Très belle épreuve.

357. HENRI VIII. — ANNE DE BULLEN. — BACON. — DUC DE STRAFFORD. 4 portraits in-8°.

Très belles épreuves.

## HONDIUS (Jost)

358. ÉLISABETH, reine d'Angleterre, en buste. In-f°.

Très belle épreuve. Col°ⁿ W. Esdaile.

359. HENRI IV, roi de France et de Navarre, dans une bordure ovale. In-f°.

Très belle épreuve.

360. JEAN-CASIMIR, roi de Pologne, 1649. In-f°.

Très belle épreuve.

361. JEAN-ERNEST, duc de Saxe, d'après Miereveld. In-f°.

Très belle épreuve.

## HONDIUS et R. van VŒRST

362. FRÉDÉRIC, roi de Bohême. — ÉLISABETH, reine de Bohême. 2 portraits in-f°, le dernier gravé d'après Hondhorst.

Superbes épreuves.

## HOOGHE (Romeyn de)

363. RUYTER (Michel-Adrien), vu à mi-corps. In-f°.

Très belle épreuve.

## HOUBRAKEN (Jacques)

364. PIERRE Ier, empereur de Russie. — CATHERINE, impératrice de Russie. 2 portraits, grand in-f°, faisant pendants.

Très belles épreuves. Rares.

## HOUBRAKEN et BALÉCHOU

365. ORANGE (Jean-Guillaume-Frison, prince d'). 2 portraits in-f°, gravés d'après Quiter et Aved.

Très belles épreuves; la première pièce est avant toutes lettres.

## HOUSTON (Richard)

366. GEORGES III, roi d'Angleterre, jeune; gravé à la manière noire d'après Morland. In-f°.

Superbe et très rare épreuve avant toutes lettres.

367. PITT (William), vu à mi-jambe, assis dans son cabinet; gravé à la manière noire d'après Hoare. In-f°.

Superbe épreuve d'un tout 1er état non décrit : avant toutes lettres. Excessivement rare.

## HOUVE (P. de La) excud.

368. ÉLISABETH, reine d'Angleterre, en grand costume, tenant d'une main le sceptre, de l'autre un livre. In-8°.

Très belle épreuve. Grande marge.

## ISABEY (D'après Jean-Baptiste)

369. MARIE-LOUISE, archiduchesse d'Autriche, impératrice, reine et régente; charmant médaillon ovale, in-4°, gravé par Monsaldy.

Superbe et très fraîche épreuve imprimée en couleurs. Toute marge.

## JONES (John)

370. BURKE (Edmund), gravé à la manière noire d'après Romney. In-f°.

Très belle épreuve.

## JODE (Pierre de)

371. HENRIETTE-MARIE DE BOURBON, reine d'Angleterre, d'après Van Dyck. In-f°.

Très belle épreuve.

## LA BESLINIÈRE, excudit Paris

372. Oldenbarnevelt (Jean), d'après Mierevelt. In-f°.

Très belle épreuve.

## LA LIVE (Augustin de)

373. Montcalm (Louis-Joseph, marquis de), lieutenant général des armées françaises en Amérique. In-f°.

Très belle épreuve. Très rare.

## LARMESSIN (Nicolas de), le vieux

374. La Vallière (Françoise-Louise de la Beaume Le Blanc, duchesse de), vue à mi-corps, dans une bordure ovale entourée de divers attributs et reposant sur un cartouche armorié. In-f°.

Superbe et très rare épreuve du 1er état : avant que dans les armes la partie inférieure du lion, ayant été couverte de travaux, soit devenue noire; marge. Ce portrait est le plus beau qui ait été gravé du personnage.

375. Le même Portrait.

Très belle épreuve du second état.

376. Marie-Thérèse d'Autriche, reine de France. In-f°.

Très belle épreuve.

377. Orléans (Henriette Stuart, duchesse d'). In-f°.

Très belle épreuve. Excessivement rare.

378. Le même Personnage, gravé en réduction. In-18.

Très belle épreuve. Col[on] de Béhague.

## LARMESSIN (Nicolas de)

379. Louis XV, roi de France. — Marie, princesse de Pologne, reine de France. 2 portraits, en pied, in-f° faisant pendants, gravés d'après Vanloo.

Très belles épreuves. Très grandes marges.

380. Louis XV, roi de France et de Navarre, en pied. — Marie

DE POLOGNE, reine de France et de Navarre, en buste. 2 portraits, in-f°, d'après Vanloo.

Très belles épreuves.

381. STANISLAS, roi de Pologne. — LOUIS, dauphin de France. — MARIE-JOSEPHE DE SAXE, dauphine de France. 3 portraits, in-f° en pied, gravés d'après Vanloo.

Très belles épreuves.

## LASNE (Michel)

382. BASSOMPIERRE (François de), maréchal de France. In-f°.

Très belle épreuve.

383. CONDÉ (Henri de Bourbon, prince de). — LESDIGUIÈRES (Charles, sire de Créquy et de Canaples, duc de), maréchal de France. — TOYRAS (Jean de S. Bonnet, seigneur de), maréchal de France. 3 portraits in-f°.

Très belles épreuves.

384. CORNEILLE (Pierre), 1643. In-4°.

Très belle épreuve. Rare.

385. LA VALETTE (Bernard, duc de), pair et colonel général de France, à cheval; le fond, gravé par Callot, offre la vue de la ville de Metz, 1627. Grand in-f°.

Très belle épreuve. Col[on] de Béhague.

386. LOUIS XIII, roi de France, à cheval; le fond, gravé par Callot, représente le combat de Veillane. Grand in-f°.

Superbe épreuve.

## LAWREINCE (D'après Nicolas)

387. L'Assemblée au concert. — L'Assemblée au Salon (E. Bocher, 5 et 6).

Deux pièces, faisant pendants, gravées par Dequevauviller. Très belles épreuves.

388. Le Billet doux. — Qu'en dit l'Abbé? (10 et 51).

Deux pièces, faisant pendants, gravées par N. de Launay. Très belles épreuves; celle de *Qu'en dit l'abbé?* la seule de ces deux pièces où, dans cet état, il y ait des différences, est avant que, à la suite du nom de De Launay, la qualité de *Graveur* DU *roi de France*, etc., ait été remplacée par celle de *Graveur* DES *rois de France*, etc.

## LEBRUN (D'après Mme L. VIGÉE)

389. LOUIS XVI, roi de France. — MARIE-ANTOINETTE D'AUTRICHE, reine de France. 2 médaillons ovales, petit in-f°, faisant pendants, gravés par Schinker.

Très belles épreuves ayant de très grandes marges.

390. POLIGNAC (la duchesse de), en buste dans un médaillon ovale in-4°; gravé à Vienne par Fischer.

Très belle épreuve avec une grande marge.

391. CALONNE (Charles-Alexandre de), contrôleur général des finances: gravé à la manière noire par De Bréa. In-f°.

Très belle épreuve avant toutes lettres.

392. SABRAN (Madame de); médaillon ovale gravé par D. Berger. In-f°.

Très belle épreuve avec marge.

393. LEBRUN (Louise Vigée, Mme), d'après elle-même: gravé par J. Muller. In-f°.

Superbe et rare épreuve avant toutes lettres. Très grande marge.

## LE CLERC (Sébastien)

394. Le *Puer parvulus,* ou le passage d'Isaïe (Jombert 245).

Allusion au quiétisme; le sujet fut, dit-on, suggéré à Sébastien Le Clerc par Fénelon :

Le duc de Bourgogne, en berger, fait paître ses troupeaux de bêtes diverses; à gauche le petit duc d'Anjou, nu, est couché à plat ventre sur le sol et le duc de Berri également nu est dans les bras de sa nourrice (Mme Guyon ou peut-être Mme de Maintenon ?).

Superbe épreuve du 1er état : avant toutes lettres et avant de nombreux changements dans l'estampe; elle a une grande marge et est excessivement rare. Colon Defer-Dumesnil.

## LÉPICIÉ (Bernard)

395. Orri (Philibert), ministre des finances, d'après H. Rigaud. In-f°.

Très belle épreuve avant toutes lettres et avant les armes dont le médaillon est ménagé en blanc dans la tablette. Fort rare.

## LEU (Thomas de)

396. Aumale (Claude de Lorraine-d'), chevalier de Malte (Duplessis 303). In-8°.

Superbe épreuve avant la retouche. Signée Mariette, 1671.

397. Bourbon (Antoine de), roi de Navarre — Bar (Catherine de Bourbon, duchesse de) (310). — Henri IV, roi de France (416), 3 portraits in-8°.

Très belles épreuves; le portrait de Henri IV est avant le nom du graveur.

398. Biron (Charles de Gontaut, duc de) (317). — Lesdiguières (François de Bonne, duc de) (436). — Le même Personnage (438). — Montmorency (Henri Ier du nom, duc de) (462). 4 portraits in-8°.

Très belles épreuves avant la retouche.

399. Borromée (Charles), cardinal, archevêque de Milan (320), — Gondy (Pierre de), cardinal, archevêque de Paris (375), — Strozzi (Philippe), colonel-général de l'infanterie (491). 3 portraits in-8°.

Très belles épreuves avant la retouche.

400. Bourbon (Charles de), connétable de France (323). — Bourbon (Charles II, cardinal de). — Condé (Louis de Bourbon, 1er du nom, prince de) (345). — Enghien (Jean de Bourbon, comte d') (362). 4 portraits in-8°.

Très belles épreuves avant la retouche.

401. Brisson (Barnabé), président au Parlement de Paris (327). In-8°.

Superbe épreuve du 1er état : avant les armes sur le fond, à gauche, et avant que l'inscription ait été changée. Fort rare.

402. Charles IX, roi de France (338). — Elisabeth d'Autriche, reine de France (360). — Henri III, roi de France (393). 3 portraits in-8°.

Très belles épreuves avant la retouche.

403. Conty (François de Bourbon, prince de) (348). — Conty (Louise de Lorraine, princesse de), 2 épreuves dont l'une est avant l'adresse de Desrochers (352). — Soissons (Charles de Bourbon, comte de) (488), 4 portraits in-8°.

Très belles épreuves avant la retouche.

404. Epernon (J. L. de La Valette, de Nogaret, duc d') (363) — Joyeuse (Anne duc de) (424). 2 portraits in-8°.

Superbes épreuves. Rares.

405. Estrées (Gabrielle d'), marquise de Monceaux, duchesse de Beaufort (35) — Marguerite de Valois, reine de Navarre (450). — Marie de Médicis, reine de France (451). — Verneuil (Henriette de Balzac, marquise de) (501). 4 portraits in-8°.

Très belles épreuves.

406. François Ier, roi de France (372). — France (François de Valois, dauphin de) (371). — Eléonore d'Autriche, reine de France (357). 3 portraits in-8°.

Très belles épreuves avant la retouche.

407. François II, roi de France (373). — Marie Stuart, reine de France et d'Ecosse (457). 2 portraits in-8°.

Superbes épreuves avant la retouche.

408. Guise (Henri de Lorraine, duc de) (379). In-8°.

Superbe épreuve avant la retouche. Très rare.

409. Guise (Henri de Lorraine, duc de), surnommé le Balafré (380), In-18°.

Superbe épreuve. Excessivement rare.

410. Henri II, roi de France (387). — Catherine de Médicis, reine de France (332). 2 portraits in-8°.

Très belles épreuves avant la retouche.

411. Henri IV, roi de France, dans une bordure ovale occupant le centre d'une composition architecturale (412). In-f°.

Superbe épreuve d'un 1er état non décrit : avant la mention *avec priv du Roy* à la suite du dernier mot de la dernière ligne de l'inscription. Excessivement rare.

412. Lorraine (Charles duc de) (439). — Lorraine (Claude de France, duchesse de) (440). — Guise (Louis de Lorraine, cardinal de) (382). — Le même personnage (383). 4 portraits in-8°.

Très belles épreuves avant la retouche.

413. Louis XIII, roi de France, à cheval (445). In-8°.

Très belle épreuve.

414. Maine (Charles de Lorraine, duc du), (448). In-8°.

Superbe épreuve avant la retouche. Très rare.

415. Mercœur (Philippe-Emmanuel de Lorraine, duc de), gouverneur de Bretagne (459). In-8°.

Superbe épreuve avant la retouche.

416. Ronsard (Pierre de). — Montaigne (Michel sieur de) (461). — Passerat (Jean), professeur d'éloquence à Paris (473). 3 portraits in-8°.

Très belles épreuves.

417. Nemours (Jacques de Savoie, duc de) (467). In-8°.

Deux épreuves dont l'une, très rare et superbe, est avec la tête couverte de cheveux, lesquels ont été en partie effacés dans l'état suivant.

418. Philippe II, roi d'Espagne (474). — Nemours (Jacques de Savoie, duc de) (466). — Nevers (Charles de Gonzague, duc de) (469). — Savoie (Charles-Emmanuel, duc de) (484). 4 portraits in-8°.

Très belles épreuves avant la retouche.

## LEVACHEZ

419. **Bonaparte**, premier consul de la République Française, d'après Boilly. In-f°.

Médaillon ovale reposant sur une tablette où est représentée la revue du quintidi.

Superbe épreuve imprimée en couleurs, elle est excessivement fraîche et a une très grande marge. Très rare de cette qualité.

420. **Bonaparte**, premier consul. In-8°.

Superbe et très fraîche épreuve imprimée en couleurs. Très grande marge.

421. **Napoléon le Grand**, empereur des Français, roi d'Italie. — **Marie-Louise**, impératrice de France, reine d'Italie.

Deux charmants médaillons in-8°, ovales équarris, faisant pendants.

Superbes épreuves imprimées en couleurs; elles sont de la plus grande fraîcheur et ont une très grande marge. Très rares de cette qualité.

422. **Charles-Louis**, archiduc d'Autriche. In-4°.

Superbe épreuve imprimée en couleurs; elle est très fraîche et a une très grande marge.

423. **Kléber**, général en chef de l'armée d'Égypte. In-8°.

Superbe et très fraîche épreuve imprimée en couleurs. Très grande marge.

424. **Masséna**, général en chef, surnommé l'enfant gâté de la victoire. In-8°.

Superbe épreuve imprimée en couleurs. Grande marge.

425. **Moreau** (Victor), général en chef de l'Armée du Rhin. In-8°.

Superbe et très fraîche épreuve imprimée en couleurs. Très grande marge.

## LEYDE (Lucas)

426. La Sainte famille (Bartsch 85).

Superbe épreuve sur papier au P. gothique. Très rare de cette qualité.

427. Le poète Virgile suspendu dans un panier (136).

Très belle épreuve sur papier au P. gothique. Col[on] Schloesser.

428. Portrait d'un jeune homme (174).

Très belle épreuve.

## LOGGAN (David)

429. Clarendon (Édouard Hyde, comte de), chancelier. In-f°.

Superbe épreuve. Col[on] Didot.

## LOMBART (Pierre)

430. Riquet (Paul), d'après De Lamare. 2 portraits in-f° différents.

Très belles épreuves.

## LUBIN (Jacques)

431. Humières (Louis de Crevant, marquis, puis duc d'), maréchal de France, d'après Ferdinand. In-f°.

Superbe épreuve avant toutes lettres (la lettre sur la tablette est manuscrite). Très rare.

## MAITRE ANONYME FRANÇAIS (XVIe siècle)

432. Guise (Henri de Lorraine, duc de). In-f°.

Représenté dans une bordure ovale entourée de figures allégoriques et de scènes de sa mort; au-dessous une longue inscription.

Très belle épreuve.

## MAITRE ANONYME FRANÇAIS (XVIIIe siècle)

433. Louis XVI, roi de France et Marie-Antoinette d'Autriche, reine de France. In-f° en largeur.

Représentés en bustes dans deux médaillons, de forme ovale, posés en regard l'un de l'autre sur la même feuille et entourés d'une guirlande formée de rubans, de roses et de feuilles entrelacées.

Charmante pièce de la plus fine exécution ; elle est imprimée sur satin, les figures en bistre, la guirlande en couleurs. Excessivement rare.

## MAITRES ANONYMES ITALIENS (XVIe siècle)

434. Arioste (Ludovico).

Très belle épreuve avec marge.

435. Autriche (Don Juan d'), en buste dans un encadrement architectural; en bas dans une tablette, la bataille de Lépante. In-f°.

Très belle épreuve.

## MANTEGNA (Andréa)

436. Les Soldats portant des trophées (Bartsch 13).

Superbe épreuve.

## MARTIN (Charles)

437. Hume (David), gravé à la manière noire, d'après Ramsay. In-f°.

Superbe et très rare épreuve du 1er état : avant toutes lettres, seulement les noms des artistes tracés à la pointe.

## MASSON (Antoine)

438. Anne d'Autriche, reine de France, buste fort comme nature (R. Dumesnil 11).

Superbe épreuve ayant une très grande marge.

439. Chevreuse (Charles-Honoré d'Albert, duc de), 1679 (17). In-f°.

Très belle épreuve.

440. Croissy (Charles Colbert, marquis de), buste fort comme nature, d'après H. Cascar (21). Grand in-f°.

Très belle épreuve.

441. Guise (Marie de Lorraine, duchesse de), d'après Mignard (32). In-f°.

Très belle épreuve du 3e état : avec la bordure, mais avant le mot *Roma* suivi d'une figure de lapin après le mot *Pinxit*. Grande marge.

442. HARCOURT (Henri de Lorraine, comte d'), grand écuyer de France (34). Grand in-f°.

Pièce connue sous le nom du Cadet à la Perle.

Superbe épreuve du 2e état (la seule épreuve du 1er état connue fait partie de la collection de M. Dutuit conservée au Petit-Palais) : avant le chiffre 4 dans la marge du côté gauche et avant toute retouche. Excessivement rare.

443. LAMOIGNON (Nicolas de), maître des requêtes (39). — LAMOIGNON (Christian, François de), par Van Schuppen, 2 portraits in-f°.

Très belles épreuves.

444. LOUIS XIV, roi de France; buste plus fort que nature, d'après C. Lebrun (45). Très grand in-f°.

Superbe épreuve tirée avant que la planche ait été diminuée et les inscriptions changées. Très rare.

445. ORMESSON (Olivier Le Fèvre d'), conseiller au parlement de Paris et maître des requêtes (58). In-f°.

Très belle épreuve.

446. VENDOME (Louis, duc de), d'après Mignard (67).

Très belle épreuve.

## MATHAM (Jakob)

447. SULLY (Maximilien de Béthune, duc de), d'après Du Boys, 1614 (B. 25). In-f°.

Très belle épreuve du seul beau et authentique portrait du personnage. Rare.

## MATHAM (Dirk)

448. NASSAU (Jean-Maurice, comte de), prince du Brésil. In-4°.

Superbe épreuve, avant toutes lettres, de la planche réduite en ovale. Colon Mariette.

## MERCURY (Paolo)

449. MAINTENON (Françoise d'Aubigné, marquise de), d'après Petitot. In-8°.

Deux très belles épreuves dont l'une, signée du graveur, est avant de nombreux travaux et avant l'entourage.

## MOREAU LE JEUNE (Jean-Michel)

450. JOSEPH II, empereur d'Allemagne. In-18.

Charmant dessin au bistre, signé et daté : *J. M. Moreau le jeune 1777.*

A été gravé par Gaucher pour les annales de Marie-Thérèse.

## MOREAU LE JEUNE (Par et d'après Jean-Michel)

451. CHOISEUL (Étienne-François, duc de) (E. Bocher 2) In-8°.

Superbe épreuve avant toutes lettres. Grande marge.

452. Le couronnement de Voltaire sur le théâtre Français le 30 mars 1778, après la sixième représentation d'Irène. Gravé par Gaucher (26).

Superbe épreuve avant toutes lettres, non entièrement terminée; elle est avant de nombreux changements, notamment avant que le personnage que l'on voit, à gauche, dans l'orchestre la tête levée en l'air, ait été décoré d'une plaque et d'un grand cordon. Excessivement rare.

453. LA MÊME ESTAMPE.

Très belle épreuve tirée avant que les armes aient été enlevées et la tablette modifiée.

454. MARIE-ANTOINETTE, reine de France, par Le Mire (33). Petit in-f°.

Médaillon, entouré de figures allégoriques, ayant pour titre *A la Reine.*

Très belle épreuve avant l'adresse de Petit.

455. MARIE-ANTOINETTE, reine de France, par Gaucher (34). In-8°.

Pour les annales de Marie-Thérèse.

Très belle épreuve avant le texte au verso. Grande marge.

456. Le Bal masqué. — Le Festin Royal (200-201).

Deux pièces faisant pendants.

Superbes et très rares épreuves avant toutes lettres, à l'état d'eau-forte; l'épreuve du Bal a une grande marge.

457. Ouverture des États-Généraux à Versailles, le 5 mai

1789. — Constitution de l'Assemblée nationale à Versailles le 17 juin 1789 (204-205).

Deux pièces faisant pendants.
Très belles épreuves avec les listes des députés.

458. Les Précautions, par P. A. Martini, 1777 (1349).

Très belle épreuve avant la lettre. Marge du cuivre.

459. J'en accepte l'heureux présage, par Ph. Triere (1350).

Très belle épreuve avant la lettre. Marge du cuivre.

460. N'ayez pas peur, ma bonne amie, par Helman, 1776 (1351).

Très belle épreuve avant la lettre, Marge du cuivre.

461. C'est un fils, monsieur, par C. Baquoy, 1776 (1352).

Très belle épreuve avant la lettre. Marge du cuivre.

462. Le Rendez-vous pour Marly, par C. Guttenberg (1356).

Très belle épreuve avant la lettre. Marge du cuivre.

463. Le lever, par Halbou (1360).

Très belle épreuve avant la lettre. Marge.

464. Troisième suite d'estampes, pour servir à l'histoire des modes et du costume en France, dans le dix-huitième siècle, année 1783 (1360-1371).

Suite complète de 12 pièces; les épreuves, d'une parfaite égalité de tirage, sont très belles; elles sont avec les lettres A. P. D. R. et ont de très grandes marges.

## MORIN (Jean)

465. Anne d'Autriche, reine-régente de France, d'après Ph. de Champaigne (R. Dumesnil 40).

Très belle épreuve.

466. Bentivoglio (Gui), cardinal, d'après A. Van Dyck (43). In-f°.

Très belle épreuve.

467. Bourbon-Conti (Armand de) (47). In-f°.

Très belle épreuve.

468. Gondy (Jean-François-Paul de), coadjuteur de Paris (54). In-f°.

Très belle épreuve.

469. Guise (Henri de Lorraine, duc de), d'après Citermans (57). In-f°.

Très belle épreuve. Très grande marge.

470. Jansénius (Corneille), évêque d'Ypres (61). In-f°.

Très belle épreuve. Très grande marge.

471. Louis XIII, roi de France, d'après Ph. de Champaigne (64). In-f°.

Très belle épreuve.

472. Richelieu (Le cardinal de), d'après Ph. de Champaigne (72). In-f°.

Très belle épreuve.

473. Thou (Jacques Auguste), président des requêtes du parlement de Paris, d'après Ferdinand (79). In-f°.

Très belle épreuve du 1er état : avant plusieurs travaux dans le visage, notamment avant les trois grandes rides horizontales du front.

474. Arnaud d'Andilly. — Duvergier de Hauranne. — Omer Talon. — R. de Longueil. — Christophe de Thou, 5 portraits in-f°.

Très belles épreuves.

## MULLER (Jean)

475. Christian IV, roi de Danemark, d'après R. Rit (Bartsch 61). In-f°.

Superbe épreuve avant toutes lettres. Excessivement rare.

476. Albert, archiduc d'Autriche. — Isabelle-Claire-Eugénie, infante d'Espagne, sa femme. 2 portraits, in-f°, faisant pendants, gravés d'après Rubens (62).

Magnifiques et très rares épreuves avant la mention : *Cum privileg*. Colon St John Dent.

## MURPHY (John)

477. *The Royal Family;* grande pièce, en largeur, gravée à la manière noire d'après Stothard, 1794.

GEORGES III, La Reine CHARLOTTE, Duc d'YORK. Prince de GALLES, Ducs de KENT, CUMBERLAND, CLARENCE, et SUSEX; la PRINCESSE ROYALE; les princesses AUGUSTA, ELISABETH, MARIE, SOPHIA et AMÉLIA, etc.
Très belle épreuve.

## NANTEUIL (Robert)

478. ANNE D'AUTRICHE, reine de France, d'après Mignard (Robert Dumesnil 22). In-f°.

Superbe épreuve du 2° des cinq états décrits (on ne connait qu'une épreuve du premier état) : avant les éraillures sur le listel de la bordure, au devant de la poitrine de la reine.
Très rare.

479. ANNE D'AUTRICHE, reine de France, buste fort comme nature (23). Grand in-f°.

Superbe et rare épreuve du 1er état : il n'y a pas de crochet entre le millésime et le guillemet qui le suit. Petite marge.

480. ARNAULD DE POMPONNE (Simon), ministre d'État, buste fort comme nature (24). Grand in-f°.

Superbe épreuve du 1er état : il n'y a pas de barre après le point qui suit le mot *mandat*. Très rare.

481. AUBRAY (Dreux d'), lieutenant civil au Châtelet de Paris (25). In-f°.

Superbe épreuve.

482. BEAUFORT (François de Vendôme, duc de), d'après Nocret (33). In-f°.

Très belle épreuve du 1er état : avant que l'adresse de Le Blond ait été remplacée par celle de Mariette.

483. BELLIÈVRE (Pomponne de), premier président au Parlement de Paris, d'après C. Le Brun (37). In-f°.

Chef-d'œuvre du maître.
Superbe épreuve. Très rare de cette qualité.

484. Boucherat (Louis), chancelier de France, buste fort comme nature (46). Grand in-f°.

Très belle épreuve.

485. Condé (Louis de Bourbon, 11e du nom, prince de) (79). In-f°.

Très belle épreuve.

486. Bouillon (Frédéric-Maurice de la Tour d'Auvergne, duc de (49). In-f°.

Très belle et très rare épreuve du 2e des cinq états décrits : avec les vers sur la face du socle, mais avant aucune marque dans le milieu de la marge, sous le trait carré.

487. Bouillon (Emmanuel-Théodose de la Tour d'Auvergne, cardinal de), buste fort comme nature (53). Grand in-f°.

Superbe épreuve du 1er état : avant que la dédicace à *Chappuis de la Fay* ait été enlevée et avant l'adresse d'Edelinck.

488. Chapelain (Jean), membre de l'Académie française (60). Petit in-f°.

Superbe épreuve du 1er état : on ne voit ni arbustes ni buissons sur les montagnes du médaillon emblématique.

489. Charles-Emmanuel II, duc de Savoie (61). In-f°.

Très belle épreuve. Marge.

490. Charles de Lorraine, Ve du nom (63). In-f°.

Très belle épreuve.

491. Chaulnes (Charles d'Albert-d'Ailly duc de), gouverneur de la Bretagne; buste fort comme nature (65). Grand in-f°.

Superbe épreuve du 1er état : on voit un point seul après l'année.

492. Chavigny (Léon Le Bouthilier, comte de), ministre d'État, d'après Champaigne (66). In-f°.

Très belle épreuve, la console du bas a été ajoutée.

493. Christine, reine de Suède, d'après S. Bourdon (67). Petit in-f°.

Très belle épreuve du 1er état : avec un seul point à la fin du quatrain.

494. Clermont-Tonnerre (François de), évêque de Noyon (68). In-f°.

Superbe épreuve du 1er état : avec un seul point après la figure qui suit l'année et avant que le personnage ait été décoré d'une croix pastorale. Très rare.

495. Coislin (Pierre du Cambout, cardinal de) (70). In-f°.

Superbe épreuve du 1er état : avant divers changements, notamment avant que le personnage ait été décoré d'une croix pastorale. Petite marge.

496. Colbert (Jean-Baptiste), contrôleur général des Finances, d'après Champaigne (71). In-f°.

Magnifique épreuve du 1er état : l'année est suivie d'un point seul. Excessivement rare.

497. La même Estampe.

Très belle épreuve du second état. Marge.

498. Le même Personnage, buste fort comme nature (76). Grand in-f°.

Superbe épreuve du 1er état : il n'y a rien de tracé sur la plate-bande de la bordure du milieu du haut. Excessivement rare.

499. Créqui (François de Bonne de), maréchal de France (81). In-f°.

Très belle épreuve.

500. Dunois (Jean-Louis-Charles d'Orléans-Longueville, comte de), d'après Beaubrun (86). In-f°.

Très belle épreuve.

501. Enghien (Henri-Jules de Bourbon, duc de), d'après Mignard (90). In-f°.

Très belle épreuve. Grande marge.

502. Espernon (Bernard de Foix de la Valette, duc d') (91). In-f°.

Superbe épreuve du 1er état : avant l'année 1650, après les mots *cum privil* et avant le nom du personnage dans la gorge de bordure, celle qu'on lit est manuscrite. Rare.

503. Estrées (César, cardinal d'). In-f°. (92).

Très belle épreuve. Grande marge.

504. Fouquet (Nicolas), surintendant des Finances (98).

Superbe et très rare preuve du 1er état : avant la correction au mot *messire*, lequel est écrit *missire*. Très grande marge.

505. Gassendi (Pierre), homme de lettres (101). Petit in-f°.

Superbe épreuve du 1er état : il n'y a pas de crochet après le point qui suit le millésime 1658.

506. Guébriant (Jean-Baptiste Budes, comte de), maréchal de France (104). In-f°.

Très belle épreuve du 1er état : avant que la mention *nommé à l'ordre du Saint-Esprit*, etc. ait été remplacée par : *et Gouverneur d'Auxonne*, etc.

507. Harlay de Chanvallon (François de), archevêque de Paris, buste demi-nature (107). In-f°.

Très belle épreuve du 2e état : avant que la bordure ait été garnie, au bas, d'un écusson armorié.

508. Juan d'Autriche (Don) (114). In-f°.

Superbe épreuve. Très grande marge.

509. La Meilleraye (Charles de la Porte, duc de), maréchal de France, d'après Juste (118). In-f°.

Superbe épreuve, avec marge, du 1er état : avant le crochet qui suit le point après l'année. Rare.

510. La même Estampe.

Très belle épreuve du second état.

511. Lamoignon (Guillaume de), premier président du Parlement de Paris (120). In-f°.

Belle épreuve. Petite marge.

512. Le même Personnage, buste fort comme nature (121). Grand in-f°.

Superbe épreuve du 1er état : il n'y a pas de barre après le point en losange qui suit le mot *Princeps;* marge. Extrêmement rare.

513. La Vrillière (Louis-Phelypeaux de), secrétaire d'État (123). In-f°.

Très belle épreuve.

514. LE TELLIER (Michel), ministre d'État, puis Chancelier et Garde des sceaux de France (131). In-f°.

Très belle épreuve.

515. LIONNE (Hugues de), secrétaire d'État (146). In-4°.

Superbe épreuve du 1er état : avec l'inscription sur la tablette, laquelle fut enlevée par la suite.

516. LOMENIE DE BRIENNE (Henri-Auguste de), secrétaire d'État (148). In-f°.

Superbe épreuve du 1er état : avant le nom du personnage sur la tablette du socle.

517. LONGUEVILLE (Henri d'Orléans, onzième du nom, duc de), d'après Ph. de Champaigne (149). Petit in-f°.

Très belle épreuve.

518. LORET (Jean), poète (150). In-4°.

Chef d'œuvre du maître.

Superbe épreuve du 2e état : avant la virgule, après le nom de Loret, dans le premier vers.

519. LOUIS XIV, roi de France (153). In-f°.

Très belle et rare épreuve du 3e état (décrit par Robert Dumesnil comme étant le premier) : avant que la bordure et tous les travaux extérieurs aient été enlevés pour être remplacés par une autre bordure, mais avec trois signes après le crochet suivant l'année et avec une virgule après le mot *amans*, dans le septième vers.

520. LE MÊME PERSONNAGE (155). In-f°.

Superbe épreuve du 1er état : avant que l'année ait été convertie en 1666 et avant de nombreux changements dans la figure et dans la bordure. Excessivement rare.

521. LE MÊME PERSONNAGE, buste fort comme nature (157). Grand in-f°.

Magnifique épreuve du 1er des huit états décrits : on n'aperçoit aucune signe, ni sur la plate-bande ni sur la marge du haut. Excessivement rare.

522. LOUISE-MARIE DE GONZAGUE, reine de Pologne (164). In-4°.

Superbe épreuve du 1er état : avant la rosette entourant le point en losange, sur la bordure, au milieu du haut. Très rare.

523. La même Estampe.

Très belle épreuve du second état.

524. Maisons (René de Longueil, marquis de), surintendant des Finances (166). In-f°.

Très belle épreuve du 3e des six états décrits : avec l'année 1660 convertie en 1661, mais avant aucun signe après le crochet qui suit cette année.

525. Savoie (Marie-Jeanne-Baptiste de Savoie-Nemours, duchesse de), d'après L. du Sour (169). In-f°.

Superbe épreuve du 1er état : avant les mots, *Pendant la minorité de son fils*. Grande marge.

526. Mazarin (Jules), cardinal, ministre d'État (177). In-f°.

Magnifique épreuve du 1er état : avant la devise, *Dat formas adimitque*, dans la partie supérieure des armes. Excessivement rare.

527. Le même Personnage (179). In-f°.

Très belle épreuve.

528. Le même Personnage (180). In-f°.

Superbe épreuve du 1er état : avant que l'inscription, *Nanteuil ad vivum*, etc., ait été remplacée par ces mots, *totum ferat*, etc. Rare.

529. Le même Personnage (184). In-f°.

Superbe épreuve du 1er état : avant les éraillures sur la bordure et sur le manteau.

530. Le même Personnage, d'après P. Mignard (186). In-f° en largeur.

Très belle épreuve. Marge.

531. Le même Personnage (187).

Très belle épreuve du 1er état : avant que sur la face du support l'inscription : *Hic est*, etc., ait été remplacée par le nom du personnage.

532. Mesmes (Jean-Antoine de), président à mortier au Parlement de Paris (192). In-f°.

Superbe épreuve du 1er état : avant que l'année ait été convertie en 1661.

533. Molé (Édouard), président à mortier au Parlement de Paris (193). In-f°.

Très belle épreuve. Grande marge.

534. Molé (Mathieu), garde des Sceaux (194). In-f°.

Très belle épreuve. Grande marge.

535. Nemours (Anne-Marie d'Orléans-Longueville, duchesse de), d'après Beaubrun (200). In-8°.

Très belle épreuve.

536. Ormesson (André Le Fèvre d'), conseiller d'État (209). In-f°.

Très belle épreuve. Grande marge.

537. Novion (Nicolas Potier de), premier président au Parlement de Paris (207). In-f°.

Très belle épreuve.

538. Retz (Jean-François-Paul de Gondi, cardinal de) (217). In-f°.

Magnifique épreuve du 1er état : avant la réduction de la bordure. Excessivement rare de cette qualité.

539. Richelieu (Armand-Paul du Plessis, cardinal, duc de), d'après Champaigue (218). In-f°.

Superbe épreuve du 1er état : avant aucune barre après le point qui suit l'année. Très rare.

540. Saint-Paul (Charles-Pâris d'Orléans-Longueville, comte de), d'après Beaubrun (219). In-f°.

Très belle épreuve.

541. Séguier (Pierre), chancelier de France, d'après C. Le Brun (223). In-f°.

Très belle épreuve du 1er état : avant le crochet qui suit l'année.

542. Turenne (Henri de La Tour d'Auvergne, vicomte de), maréchal de France, d'après Champaigne (232). In-f°.

Superbe épreuve du 3e des cinq états décrits : avant que la barre verticale qu'on voit dans la marge du haut ait été croisée par une autre. Très rare de cette qualité.

543. Le même personnage, buste fort comme nature (233). Grand in-f°.

Superbe épreuve du 2e des six états décrits : avant les petites barres qu'on remarque, dans les états suivants, après le point qui suit la lettre R du prénom de Nanteuil et entre les mots *privilegio* et *Regis;* marge. Excessivement rare en cet état et de cette qualité.

544. Christine, reine de Suède. — Hugues de Lionne. — Gilles Ménage. — Georges de Scudéry. 4 portraits in-4°.

Très belles épreuves.

545. Bonzy (Pierre de), cardinal, archevêque de Narbonne, buste fort comme nature (Ap. 1). Grand in-f°.

Superbe épreuve du 1er état : avant aucun signe après le crochet qui suit l'année 1678. Très rare.

546. Louvois (François-Michel Le Tellier, marquis de), ministre et secrétaire d'État; buste fort comme nature (6). Grand in-f°.

Belle épreuve d'un dernier état non décrit : après l'année 1677, on lit, *à Paris, chez G. Edelinck, rue Saint-Jacques au Séraphin.*

## NATTIER (D'après Jean-Marc)

547. Chateauroux (Marie-Anne de Mailly, duchesse de), sous la figure de la Force; gravé par Baléchou. In-f°.

Superbe épreuve avant l'adresse de Surugue. Très rare.

548. Marie, Princesse de Pologne, reine de France et de Navarre, par J. Tardieu. In-f°.

Très belle épreuve. Grande marge.

549. Mesdames de France, filles de Louis XV, représentées sous les figures allégoriques des quatre éléments. Suite de quatre pièces in-f° oblong.

Marie-Adélaïde (L'air), par Beauvarlet.
Marie-Louise-Thérèse-Victoire (L'eau), par Gaillard.
Louise-Élisabeth (La terre), par Baléchou.
Marie-Henriette (Le feu), par Tardieu.

Superbes épreuves avant toutes lettres avant des marges inégales.

Excessivement rares.

550. Orléans (Mme la Duchesse d') en Hébé, par Hubert. In-f°.

Très belle épreuve. Grande marge.

551. Pompadour (Jeanne-Antoinette Poisson, marquise de), en Flore, gravé par Voyez le jeune. In-f°.

Très belle épreuve. Marge.

## NOLIN (Jean-Baptiste)

552. Molière (Jean-Baptiste Poquelin de), d'après P. Mignard. In-4°.

Très belle épreuve tirée avant que la planche ait été réduite en ovale pour faire partie des Grands hommes de Perrault. Excessivement rare.

## OSTADE (Adrien van)

553. Boulanger sonnant du cornet (Dutuit 9).

Très belle épreuve du 2e état : l'œil droit de l'homme est peu distinct et la bordure est faible.

554. La Mère et les deux enfants (14).

Très belle épreuve du 1er état : avec la bordure faible et les angles aigus de trois côtés. Grande marge.

555. Le Maître d'école (17).

Très belle épreuve du 1er état : avant de nombreux travaux et avec la marge inférieure couverte de salissures de burin. Très grande marge.

556. Le Coup de couteau (18).

Superbe épreuve du 3e état : avant de nombreux travaux, la bordure est renforcée. Colons Verstolk de Soelen et Guichardot.

557. La Devideuse à la porte de la maison (25).

Superbe et toute première épreuve à l'eau-forte pure : avant les lignes horizontales sur le bas de la porte entre l'homme et son bâton, avant quelques légers travaux, à la pointe sèche, sur le coq et sur le sol près du poulet; on remarque des coulures d'eau-forte sur le pied droit, la sacoche et la figure de l'homme debout ainsi que sur le pied gauche et la tête de la dévideuse; la bordure est très fine et interrompue par places. Extrêmement rare. Colon Stracter.

558. Les Pêcheurs (26).

Très belle épreuve du 3e état : avec les travaux sur le ciel et les initiales du maître, mais avec la bordure encore fine.

559. Le Savetier (27).

Très belle épreuve du 6e état : avec le trait carré renforcé au burin, mais avant de nombreux travaux, notamment les deux lignes parallèles sur le milieu de la boule. Très grande marge.

560. Le Marchand de lunettes (29).

Très belle épreuve du 2e état : avec quelques légers travaux additionnels, mais avant que la bordure ait été renforcée. Grande marge.

561. Le Peintre (32).

Superbe et très rare épreuve du 3e état : avant de nombreux travaux, notamment avant que les deux premières marches de l'escalier soient ombrées de trois tailles, et avant que le bonnet du peintre ait été diminué; elle est remargée au trait carré. Colon Guichardot.

562. LA MÊME ESTAMPE.

Très belle épreuve du 7e état : avant les derniers travaux produisant l'effet de la manière noire, mais avec les mots *et excud.* tracés d'une pointe forte à la suite du mot *Fecit;* petite marge. Colons Verstolk de Soelen et Guichardot.

563. Le Père de famille (33).

Superbe et rare épreuve du 1er état : la bordure est fine; petite marge. Colons Verstolk de Soelen et Guichardot.

564. Le Bénédicité (34).

Superbe et rare épreuve du 1er état : avant divers travaux et avant que la tête du père soit couverte d'une calotte. Colon Knowles.

565. Le Rémouleur (36).

Très belle épreuve du 1er état : avant les travaux de pointe sèche dans l'ombre qui est sous le bras gauche du rémouleur, la bordure est fine. Très grande marge.

566. Le Violon et le petit vielleur (45).

Superbe et très rare épreuve du 2e état : avant un grand nombre de travaux, notamment les contre-tailles diagonales sur l'homme assis devant la porte de la maison et sur le terrain entre cet homme et le tonneau. Colons Verstolk de Soelen et Guichardot.

567. La Fête sous la treille (47).

Superbe et rare épreuve du 2e état : avant de nombreux travaux, notamment les contre-tailles obliques sur le pignon de la maison qui est dans le fond, derrière la femme qui danse; la bordure est fine. Colons Alferoff et Dreux.

568. La Fête sous le grand arbre (48).

Superbe et très rare épreuve du 1er état : avant que la salissure au-dessus de l'arbre qui est à la droite du clocher ait été enlevée. Colon Verstolk de Soelen et Guichardot.

569. La Danse au cabaret (49).

Superbe épreuve du 5e état : avant que les travaux produisant l'effet de la manière noire aient disparu et que les bords de la planche aient été nettoyés, la bordure est fine; marge. Colons Verstolk de Soelen et Guichardot.

570. Le Goûter (50).

Superbe et très rare épreuve du 5e état : avec les deux vers de Tibulle dans la marge inférieure, mais avant de nombreux travaux, notamment les contre-tailles sur le vantail fermé de la porte de la cave, le bonnet de la petite fille, le dos et le coussin de la chaise de l'homme qui est debout tenant un verre à la main; la bordure est encore fine.

## PASSE (Simon de)

571. EDWARD VI, roi d'Angleterre. In-8o.

Très belle épreuve. Rare.

## PASSE (Genre de Simon de)

572. PHILIPPE et MARGUERITE D'AUTRICHE, en pied en regard l'un de l'autre sur la même feuille — L'archiduc ALBERT et CLAIRE EUGÉNIE D'AUTRICHE, en pied, en regard l'un de l'autre sur la même feuille.

Deux pièces in-fo, très intéressantes comme costumes. Très belles épreuves. Fort rares.

573. « JAMES *by the Grace of God king of Great Britannie*, etc. —

Charles *by the grace of God Prince of Wales*, 1621 », deux portraits en pied sur la même feuille. In-f°.

Très belle épreuve avec une très grande marge. Excessivement rare.

## PENTCZ (Georges)

574. Jean-Frédéric, électeur de Saxe, surnommé le Magnanime (Bartsch 126). In-f°.

Très belle épreuve.

## PESNE (Jean)

575. Poussin (N.), d'après lui-même (R. Dumesnil 5). In-f°.

Deux épreuves dont l'une, très belle, est avant l'adresse de Le Blond.

576. Poussin (N.), deux portraits in-f° différents, le second est gravé par Ferdinand.

Très belles épreuves.

## PICARD (Étienne)

577. Montespan (Françoise-Athénais de Rochechouart, marquise de). In-f°.

Superbe épreuve du plus beau et du plus authentique portrait du personnage.

## PICHLER (Jean)

578. Stanistas-Auguste, roi de Pologne, gravé à la manière noire d'après Lempi. In-f°.

Très belle épreuve.

## PITAU (Nicolas)

579. François de Sales (Saint), évêque et prince de Genève. In-f°.

Superbe épreuve du 1er état : avant les inscriptions sur le socle. Très rare.

580. Louis XIV, roi de France, vu debout jusqu'aux genoux, couvert de son armure; gravé d'après C. Le Febure, Grand in-f°.

Superbe épreuve. Très rare de cette qualité.

581. Savoye (Christine de France, duchesse de), 1663. In-f°.

Superbe épreuve. Très rare.

582. Voysin (Daniel), prévot des marchands de la ville de Paris d'après Mignard. In-f°.

Deux épreuves dont l'une, très belle, est avant de nombreux changements, notamment avant les médaillons dans les angles et avant que le fond ait été parsemé d'étoiles.

## POILLY (Nicolas de)

583. Orléans (Philippe, duc d'), *Monsieur*, étant jeune ; buste fort comme nature. Grand in-f°.

Superbe épreuve.

## POILLY (François de)

584. Bossuet (Jacques-Bénigne), étant évêque de Condom, d'après Mignard. In-f°.

Superbe épreuve avant les noms des artistes et avant les armoiries dont le médailllon est ménagé, en blanc, dans le bas de l'estampe. Excessivement rare.

585. La Mothe-Houdancourt (Maréchale de), gouvernante des Enfants de France. In-f°.

Très belle épreuve.

586. La Vierge au berceau, d'après Raphaël.

Très belle épreuve.

## PONTIUS (Paul)

587. Olivares (Gaspard-Gusman, comte d'), duc de San Lucar, en buste, entouré d'attributs divers ; gravé d'après Rubens. Grand in-f°.

Superbe épreuve du 1er état : avant beaucoup de travaux, notamment avant que la barbe ait été allongée. Très rare.

588. Le même Portrait.

Très belle épreuve du second état.

589. Orange (Frédéric-Henri, prince d'), vu à mi-corps,

tenant en main son bâton de commandement, d'après A. Van Dyck. In-f°.

Très belle épreuve.

590. PHILIPPE III, roi d'Espagne, — ELISABETH DE BOURBON, sa femme. 2 très beaux portraits, in-f°, faisant pendants, gravés d'après P. P. Rubens.

Superbes épreuves du 1er état : le portrait du roi, le seul des deux où il y ait des différences, est avant que la moustache ait été retroussée. Très rares.

591. RUBENS (Pierre-Paul), à l'âge de trente ans, d'après lui-même. In-f°.

Très belle épreuve.

## POTTER (Paul)

592. Différents chevaux ; suite de cinq estampes (Dutuit 9 à 13).

Très belles épreuves, parfaitement égales de tirage, ayant de bonnes marges. Suite rare à trouver de cette qualité.

593. La Tête de vache (16).

Superbe épreuve ayant une grande marge. Très rare.

594. Vache couchée dans une campagne (17).

Très belle épreuve du 1er état : avant les travaux dans le ciel et sur le terrain, à droite. Très rare.

## PUJOS (Auguste)

595. ROHAN (L. R. E. prince de), cardinal.

Médaillon ovale, in-4°, encastré dans une bordure rapportée, ornée de nombreux attributs.

Très bon dessin, la figure à la pierre noire, l'encadrement au lavis d'encre de Chine. Signé et daté : *Pujos delin ad vivum 1785.*

## RABEL (Jean)

596. COLIGNY (Gaspard de), grand amiral de France (R. Dumesnil 43). In-18.

Superbe épreuve du 1er état : avant le n° 46, qui, dans le second état se voit sur le vêtement, à droite, vers le bas. Excessivement rare.

597. Catherine de Médicis, reine de France (41). — Marguerite de Valois, reine de Navarre (68). — Marguerite de France, duchesse de Savoie (67). 3 portraits in-18.

Très belles épreuves.

598. Louis XII, roi de France (63). — Guise (Henri de Lorraine, duc de), surnommé le Balafré, — Coligny (Gaspard de), grand amiral de France (44). 3 portraits in-18.

Très belles épreuves.

## RAFFET (Auguste)

599. Retraite du bataillon sacré à Waterloo (Giacomelli 80).

Superbe et rare épreuve du 1er tirage sur papier blanc; dédicace de Giacomelli à Burty.

600. Combat d'Oued-Alleg (82).

Très belle épreuve.

601. Le Réveil (85).

Très belle épreuve. Toute marge.

602. Némésis (120).

Très belle épreuve sur chine.

603. La Revue nocturne (429).

Superbe et première épreuve sur chine coupé.

## RAIMONDI (Marc-Antoine)

604. Adam et Ève, d'après Raphael (Bartsch 1).

Très belle épreuve. A été légèrement passée au carreau.

605. Joseph et la femme de Putiphar, d'après Raphael (9).

Très belle épreuve.

606. Le Massacre des Innocents, d'après Raphaël (20).

Superbe épreuve ayant de légères piqûres d'humidité. Col^ons Debois et Griffiths.

607. Jésus à table chez Simon le Pharisien, d'après Raphaël (23).

Superbe épreuve avant le pavé sur le parquet. Col$^{ons}$ Debois et Schlosser.

608. La Vierge pleurant le corps mort de Jésus-Christ, d'après Raphaël (35).

Superbe épreuve.

609. Les Maries pleurant le corps mort de Jésus-Christ, d'après Raphaël.

Superbe épreuve, l'extrémité de l'angle droit a été rapportée. Rare.

610. SAINT PAUL prêchant, d'après Raphaël (44).

Superbe épreuve.

611. MARIE-MADELEINE et MARTHE sur les degrés du Temple (Notre-Dame à l'escalier), d'après Raphaël (45).

Très belle épreuve.

612. La Vierge assise sur des nues, d'après Raphaël (47).

Très belle épreuve.

613. La Vierge assise sur des nues, d'après Raphaël (52).

Superbe épreuve.

614. La Vierge aux palmiers, d'après Raphaël (62).

Magnifique épreuve. Col$^{ons}$ W. Esdaile et Hawkins.

615. La Vierge au berceau, d'après Raphaël (63).

Superbe épreuve. Col$^{on}$ Mariette, 1671.

616. Les Cinq saints, d'après Raphaël (113).

Très belle épreuve.

617. Sainte Cécile, d'après Raphaël (116).

Très belle épreuve.

618. Le Martyre de sainte Cécile (Félicité), d'après Raphaël (117).

Superbe épreuve du 1$^{er}$ état : avant que l'oreille de la sainte ait été découverte. Col$^{ons}$ Sir Peter Lely et J. Barnard.

619. Lucrèce, d'après Raphaël (192).

Chef-d'œuvre du maître.

Magnifique épreuve en parfait état, sauf une très légère déchirure dans la partie inférieure de l'estampe. De la plus grande rareté de cette qualité.

620. Cléopâtre, d'après Raphaël (200).

Superbe épreuve.

621. Deux faunes portant un enfant, d'après un bas-relief antique (230).

Très belle épreuve, une des figures est silhouettée par des points à l'aiguille.

622. Le Jugement de Pâris, d'après Raphaël (245).

Une des estampes les plus parfaites du maître.

Magnifique épreuve avec les traces de la pierre ponce très apparentes; extrêmement rare de cette qualité. Col[on] Broodhurst.

623. Le Parnasse, d'après Raphaël (247).

Magnifique épreuve. Excessivement rare de cette qualité.

624. La Vendange, d'après Raphaël (306).

Très belle épreuve.

625. Vénus, l'Amour et Pallas, étude pour le Jugement de Pâris de Raphaël (310).

Magnifique épreuve avec les fonds couverts de salissures de burin; Col[on] Didot.

626. Vulcain, Vénus et l'Amour, d'après un maître inconnu (326).

Superbe épreuve.

627. Mars, Vénus et l'Amour, d'après Mantegna (345).

Très belle épreuve. Col[on] Fisher.

628. L'Homme aux deux trompettes, d'après un dessin que l'on croit être de B. Bandinelli (356).

Superbe épreuve. Col[on]. Sir Peter Lely.

629. Mercure descendant du ciel, d'après Raphaël, angle de la galerie Ghigi (343).

Superbe épreuve.

630. Cupidon et les trois Grâces, d'après Raphaël, angle de la galerie Ghigi (344).

Très belle épreuve.

631. Michel-Ange, par J. Bonasone (345).

Superbe épreuve. Très grande marge.

632. Raphael Sanzio (347). In-f°.

Superbe épreuve. Col^ons Mariette, comte de Fries et Didot.

633. La Prudence, d'après Raphaël (371).

Superbe épreuve. Col^on Mariette 1678.

634. La Poésie, d'après Raphaël (382).

Magnifique épreuve d'un état non décrit : elle est avec l'inscription sur la tablette, mais avant de nombreux travaux sur le visage et sur les nuages. De la plus grande rareté de cette qualité.

635. Les trois Docteurs (404).

Superbe épreuve. Col^on Lobanoff.

636. La Peste, d'après Raphaël (417).

Superbe épreuve avant la retouche. Col^on Didot.

637. Les Grimpeurs, d'après le dessin de Michel-Ange qui a fait partie de son fameux carton de la guerre de Pise (487).

Une des plus belles et des plus rares estampes du maître. Superbe épreuve. Col^on Brodhurst.

638. La Cassolette, d'après Raphaël (489).

Très belle épreuve.

639. Portrait de Raphaël (496).

Superbe épreuve. Excessivement rare.

640. Statue équestre de Marc-Aurèle (514).

Superbe épreuve. Col^on sir Peter Lely.

641. Le pape Jules II (516). In-18.

Très belle épreuve, remargée

642. Le pape Sixte IV (Pas. 291). In-18.

Très belle épreuve.

643. Les papes Paul III. — Clément VII. — Adrien VII et Léon X. 4 petits médaillons in-18.

Très belles épreuves, remargées.

## REMBRANDT Harmensz Van RHYN

644. Rembrandt aux trois moustaches (Bartsch 2 — Dutuit 2).

Très belle épreuve. Col[ons] de La Motte Fouquet et H. Weber.

645. Rembrandt au manteau riche (B. 7 — D. 7).

Très belle et très rare épreuve du 8e état (les 5 premiers sont considérés comme uniques) : avant que le nom de *Rembrandt f,* ait été ajouté à la suite du monogramme et de l'année. Col[ons] Verstolk de Sœlen et duc de Beuccleugh.

646. Rembrandt tenant un sabre (B. 18 — D. 18).

Très belle épreuve.

647. Rembrandt et sa femme (B. 19 — D. 19).

Très belle épreuve du 1er état : avant les retouches au burin au-dessous du chapeau de Rembrandt et avant que le petit crochet au-dessus de l'œil droit de sa femme ait été enlevé.

648. Rembrandt au bonnet orné d'une plume. (B. 20 — D. 20).

Très belle épreuve. Col[on] Schlœsser.

649. Rembrandt appuyé (B. 21. — D. 21).

Superbe épreuve. Col[on] Seymour-Haden.

650. Rembrandt dessinant (B. 22 — D. 22).

Très belle épreuve du 5e état : avec le paysage mais avant que l'ombre mince, qui traverse le dos du livre et lui donne l'apparence de deux volumes couchés l'un sur l'autre, ait été effacée.

651. Rembrandt en ovale (B. 23 — D. 23).

Superbe épreuve du 2e état : avant que les oreilles ou onglets entourant l'ovale aient été supprimés; remargée. Col[ons] Alferoff et Arozarena.

652. Adam et Ève (B. 28 — D. 35).

Superbe épreuve du 2e état : avant que le reflet de la cuisse droite d'Ève ait été atténué. Colon Camberlyn.

653. Abraham recevant les trois anges (B. 29 — D. 36).

Superbe épreuve chargée de barbes. Colon Brentano.

654. Agar renvoyée par Abraham (B. 30. — D. 37).

Très belle épreuve. Petite marge.

655. Abraham caressant Isaac (B. 33 — D. 38).

Très belle épreuve du 1er état : avant le trait échappé au-dessus de l'épaule gauche d'Isaac.

656. Abraham avec son fils Isaac (B. 34 — D. 39).

Superbe épreuve chargée de barbes et avec l'empreinte de la planche très apparente. Colon Aylesford.

657. Le sacrifice d'Abraham (B. 35 — D. 40).

Très belle épreuve.

658. Joseph racontant ses songes (B. 37 — D. 41).

Superbe épreuve du 2e état : avant les contre-tailles sur le visage et le turban du frère de Joseph debout derrière lui, ainsi que sur le rideau du lit, vers la droite. Colons Debois et Didot.

659. Jacob pleurant la mort de son fils Joseph (B. 38. — D. 42).

Superbe épreuve. Colons Thorel, Alferoff et Dreux.

660. Le triomphe de Mardochée (B. 40 — D. 48).

Superbe épreuve très chargée de barbes.

661. David en prières (B. 41 — D. 44).

Très belle épreuve du 1er état : on voit un espace blanc au-dessous du baldaquin. Colon Liphart.

662. Tobie aveugle (B. 42 — D. 45).

Superbe épreuve sur papier du Japon, elle est remplie de barbes et a le fond sale. Colon H. Weber.

663. L'Ange disparaissant devant la famille de Tobie (B. 43. D. 46).

Superbe épreuve du 1er état : avant les travaux, sur la malle et sur le terrain, dans l'angle du bas de la partie gauche.

664. L'Annonciation aux bergers (B. 44 — D. 49).

Magnifique épreuve ayant une petite marge. De la plus grande rareté de cette qualité. Col$^{on}$ Dreux.

665. La Présentation au temple, dite en manière noire (B. 50 — D. 55).

Superbe épreuve; très rare. Col$^{on}$ J. Webster.

666. La fuite en Égypte (B. 52 — D. 57).

Très belle épreuve du 1$^{er}$ état : avant les retouches et avec le fond sale. Col$^{on}$ Dreux.

667. Fuite en Égypte, effet de nuit (B. 53 — D. 58).

Très belle épreuve. Col$^{on}$ J. Barnard.

668. Fuite en Égypte dans le goût d'Elsheimer (B. 56 — D. 61).

Superbe épreuve du 3$^{e}$ état de Dutuit : avec toute la partie droite de l'estampe ombrée par une retouche à la pierre ponce dans le goût du lavis, avant les corrosions sur le ciel et avant les travaux dans l'angle du bas, à droite. Excessivement rare.

669. Repos en Égypte (B. 58 — D. 63).

Superbe épreuve d'une pièce que l'on trouve ordinairement très faible.

670. Le Retour d'Égypte (B. 60 — D. 70).

Superbe épreuve chargée de barbes.

671. Jésus au milieu des Docteurs (B. 64 — D. 67).

Superbe épreuve chargée de barbes et avec le fond sale. Col$^{on}$ du duc de Beuccleugh.

672. Jésus-Christ disputant avec les Docteurs de la loi (B. 65 — D. 67).

Très belle épreuve du 1$^{er}$ état : avec des barbes, notamment au bonnet de l'homme qui est derrière Jésus. Col$^{ons}$ Arozarena et Didot.

673. Jésus-Christ prêchant ou la Petite Tombe (B. 67 — D. 71).

Superbe épreuve fort chargée de barbes, l'homme coiffé d'un turban, debout sur le devant à gauche, a le bras droit et une partie du manteau fort poussés au noir. Col$^{on}$ Gawet.

674. Jésus-Christ chassant les vendeurs du temple (B. 69 — D. 80).

Très belle épreuve du 1$^{er}$ état : avant l'agrandissement de la bouche de l'homme tombé sur le dos et avant que la semelle de son soulier ait été ombrée. Petite marge.

675. Jésus et la Samaritaine, dite aux ruines (B. 71 — D. 73).

Très belle épreuve du 1er état : on voit dans le haut de l'estampe deux lignes parallèles qui ont disparu dans les états suivants.

676. La petite résurrection de Lazare (B. 72 — D. 78).

Très belle épreuve du 1er état : avant de légères retouches ; petite marge. Colon Didot.

677. La grande résurrection de Lazare (B. 73 — D. 79).

Magnifique épreuve du 5e état : avant de nombreux travaux et de nombreuses retouches, notamment avant que les traits de la femme, placée du côté le plus éloigné de la tombe, aient été changés et avant que l'homme effrayé, debout, soit coiffé d'un bonnet ; elle a une marge d'un centimètre environ de tous côtés. De la plus grande rareté en cet état et de cette qualité. Colon du duc de Beuccleugh.

678. La même estampe.

Très belle épreuve du 7e état : avec les changements mentionnés dans le 5e état, mais avant que les têtes des deux vieillards qui se voient dans le fond aient été ombrées. Colon Schloesser.

679. Jésus guérissant les malades (Pièce dite de CENT FLORINS) (B. 74 — D. 77).

Magnifique épreuve, une des plus belles connues, du 2e état (1er de Bartsch) ; elle est tirée sur papier du Japon et a une marge d'environ 5 millimètres de tous côtés. De la plus grande rareté de cette qualité. Colons Verstolk de Sœlen et Wolff.

680. Jésus-Christ au Jardin des Oliviers (B. 75 — D. 82).

Superbe épreuve chargée de barbes. Petite marge.

681. Jésus-Christ présenté au peuple (B. 76 — D. 83).

Très belle épreuve du 5e état : avant que toutes les figures, au-dessous de la plate-forme, aient été effacées ; une déchirure entame l'estampe, à droite. Colon Artaria.

682. L'Ecce-Homo (B. 77 — D. 84).

Superbe et rare épreuve du 3e état : avant les contre-tailles sur la figure du personnage qui a un bonnet de toile, mais l'épaule droite de l'homme qui est à sa droite a été couverte de travaux et a disparu.

683. Les Trois croix (B. 78 — D. 85).

Superbe épreuve du 3e état : avec le nom de Rembrandt, l'année et la figure du vieillard affligé ombrée mais avant que la planche ait été complètement retravaillée et la composition entièrement changée. Cet état aussi beau, sinon plus beau que le premier est beaucoup plus rare. Colon Artaria.

684. Jésus-Christ en croix entre les deux larrons (B. 79 — D. 86).

Très belle épreuve chargée de barbes; elle est remargée. Colons Archinto et Didot.

685. Jésus-Christ en croix (B. 80 — D. 87).

Très belle épreuve ayant une petite marge. Colons Astley, Debois et Schloesser.

686. La grande descente de croix (B. 81 — D. 88).

Très belle épreuve du 2e état : avant l'adresse de *H. Vlenburgensis.*

687. Descente de croix, dite aux flambeaux (B. 83 — D. 90).

Superbe épreuve ayant de la marge.

688. Le transport de Jésus-Christ au tombeau (B. 84 — D. 92).

Superbe épreuve ayant une petite marge.

689. Jésus-Christ au tombeau (B. 86 — D. 93).

Très belle épreuve chargée de manière noire. Colons Aylesford et duc de Beuccleugh.

690. Les petits disciples d'Emmaüs (B. 88 — D. 95).

Superbe épreuve. Colon St John Dent.

691. Jésus-Christ au milieu de ses disciples (B. 89 — D. 96).

Superbe épreuve sur papier du Japon, elle a des barbes et le fond est sale. Colons Mariette, 1682 et Artaria.

692. Le bon Samaritain (B. 90 — D. 55).

Superbe épreuve du 1er état : avant le nom de Rembrandt et l'année dans la marge inférieure, avec la queue du cheval et le mur que l'on voit au-dessus blancs et avec un essai de paysage dans la marge, à droite ; elle a une marge d'environ un centimètre de tous côtés. Excessivement rare dans cet état et de cette qualité. Colon Malval.

693. Le Retour de l'Enfant prodigue (B. 91 — D. 76).

Très belle épreuve.

694. Le martyre de Saint Étienne (B. 97 — D. 100).

Superbe épreuve. Col$^{on}$ S$^{t}$ John Dent.

695. Le baptême de l'eunuque (B. 98 — D. 101).

Très belle épreuve ayant une petite marge. Col$^{on}$ du duc de Beuccleugh.

696. La mort de la Vierge (B. 99 — D. 102).

Superbe épreuve chargée de barbes. Col$^{on}$ S$^{t}$ John Dent.

697. Saint Jérôme lisant au pied d'un arbre (B. 100 — D. 103).

Très belle épreuve ayant de la marge.

698. Saint Jérôme au tronc d'arbre (B. 103 — D. 106).

Superbe épreuve chargée de barbes. Col$^{ons}$ Morant et Alféroff.

699. Saint Jérôme, dans le goût d'Albert Durer (B. 104 — D. 107).

Superbe épreuve chargée de barbes. Très rare de cette qualité.

700. Saint Jérôme en méditation (B. 105 — D. 109).

Très belle épreuve ayant une petite marge. Col$^{on}$ Brodhurst.

701. Saint François (B. 107 — D. 109).

Magnifique épreuve chargée de barbes. De la plus grande rareté de cette qualité. Col$^{on}$ Aylesford.

702. La jeunesse surprise par la mort (B. 109 — D. 110).

Superbe épreuve d'une pièce que l'on trouve généralement faible ; petite marge. Col$^{on}$ Scott.

703. Le tombeau allégorique (B. 110 — D. 111).

Superbe épreuve, chargée de barbes, sur papier du Japon. Excessivement rare.

704. Médée ou le mariage de Jason et Créuse (B. 112 — D. 113).

Superbe et rare épreuve du 1$^{er}$ état : avant les vers, le nom, l'année et divers changements, notamment avant que le petit bonnet que porte Junon ait été remplacé par une couronne. Colon W. Esdaile.

705. La petite bohémienne Espagnole (B. 120 — D. 121).

Superbe épreuve; Colons Camesina et Holford. Excessivement rare.

706. Le vendeur de mort aux rats (B. 121 — D. 122).

Superbe épreuve.

707. Le petit orfèvre (B. 123 — D. 124).

Superbe épreuve du 1er état : avant les secondes tailles sur la poutre du plafond, à droite; elle est tirée sur papier du Japon léger. Colons Debois et Didot.

708. La faiseuse de Kouks (B. 124 — D. 125).

Très belle épreuve du 2e état : avant diverses retouches.

709. Le jeu du Kolf (B. 125 — D. 126).

Très belle épreuve du 1er état : avec la petite place blanche, provenant du défaut de morsure, tout contre le bord supérieur de la planche.

710. La synagogue des Juifs (B. 126 — D. 127).

Très belle épreuve du 2e état : avant que la planche ait été retouchée; elle a une petite marge.

711. Le charlatan (B. 129 — D. 129).

Très belle épreuve.

712. Le paysan avec femme et enfant (B. 131 — D. 131).

Très belle épreuve avec le griffonnement, vers la droite, très apparent. Petite marge.

713. Juif à grand bonnet (B. 133 — D. 132).

Très belle épreuve.

714. Aveugle jouant du violon (B. 138 — D. 136).

Très belle épreuve. Petite marge.

715. Paysan et paysanne marchant (B. 144 — D. 142).

Très belle épreuve. Colon du duc de Beuccleugh.

716. Gueux assis sur une motte de terre (B. 174 — D. 170).

Superbe épreuve. Colon Galichon.

717. Mendiants à la porte d'une maison (B. 176 — D. 172).

Superbe épreuve du 1$^{er}$ état : avant les contre-tailles sur la muraille, près du nez et du front du maître de la maison; marge. Col$^{ons}$ Camberlyn et Didot.

718. Homme nu assis (B. 193 — D. 190).

Superbe épreuve. Col$^{ons}$ Bohm, Arozarena, Didot et Galichon.

719. Les baigneurs (B. 195 — D. 192).

Très belle épreuve.

720. Vue d'Omval, près d'Amsterdam (B. 209 — D. 206).

Superbe épreuve chargée de manière noire; très rare de cette qualité. Double du musée de Cambridge.

721. Ancienne vue d'Amsterdam (B. 210 — D. 207).

Très belle épreuve avec marge. Col$^{on}$ Brodhurst.

722. Le chasseur (B. 211 — D. 208).

Très belle épreuve. Col. W. Koller.

723. Le paysage aux trois arbres (B. 212 — D. 209).

Magnifique épreuve, chargée de barbes, avec une marge de cinq millimètres tout autour de l'estampe; excessivement rare de cette qualité. Col$^{ons}$ Aylesford et de Béhague..

724. Le paysage aux trois chaumières (B. 217 — D. 214).

Magnifique épreuve très chargée de barbes, la marge est carrée. Très rare de cette qualité.

725. Paysage à la tour carrée (B. 218 — D. 215).

Superbe épreuve chargée de barbes, le fond est couvert de salissures de burin; petite marge. Col$^{on}$ Didot.

726. Le berger et sa famille (B. 220 — D. 217).

Très belle épreuve. Col$^{on}$ du duc de Beuccleugh.

727. Le paysage à la tour (B. 223 — D. 220).

Magnifique épreuve du 1$^{er}$ état : la tour est terminée par un dôme, lequel a été effacé dans les épreuves suivantes; elle est tirée sur papier du Japon léger. De la plus grande rareté de cet état et de cette qualité. Col$^{ons}$ Aylesford et Holford.

728. La grange à foin (B. 224 — D. 221).

Très belle épreuve avec une marge de quatre millimètres de tous côtés.

729. La chaumière et la grange à foin (B. 225 — D. 222).

Magnifique épreuve très chargée de barbes. Très rare de cette qualité.

730. La chaumière au grand arbre (B. 226 — D. 223).

Superbe épreuve.

731. La chaumière entourée de planches (B. 232 — D. 229).

Superbe épreuve du 1er état : avant la date sous le nom de Rembrandt et avant que la colline ou digue, qui part de la chaumière pour se prolonger jusqu'au coin à gauche, ait été ombrée ; légères piqûres d'humidité. Excessivement rare.

732. Le moulin, dit de Rembrandt (B. 233 — D. 230).

Très belle épreuve avec le fond sale et les craquelures apparentes.

733. Le canal aux cygnes (B. 235 — D. 232).

Superbe épreuve avec marge. Colon Didot.

734. Le paysage au bateau (B. 236 — D. 233).

Très belle épreuve.

735. Vieillard portant la main à son bonnet (B. 259 — D. 275).

Magnifique épreuve du 1er état : avant que la planche ait été terminée par Schmidt et avec le fond couvert de salissures ; elle est tirée sur Japon mince. Colon de la Motte Fouquet.

736. Homme avec chaîne et croix (B. 261 — D. 277).

Superbe épreuve du 2e état : avant divers travaux, notamment avant que ceux du fond en haut et à droite atteignent les bords de la planche et la régularisent de ces côtés. Petite marge.

737. Vieillard à grande barbe et bonnet fourré (B. 262 — D. 278).

Snperbe épreuve.

738. Homme à barbe courte et bonnet fourré (B. 264 — D. 279).

Très belle épreuve du 3e état : avant que la planche ait été réduite sur le côté droit ; petite marge. Colons du comte de Fries et Arozarena.

739. Jean Antonides Van der Linden (B. 264 — D. 264).

Superbe épreuve du 4e état : avant que la place claire, près du trait carré à droite, ait été complètement éteinte par des contre-tailles et que le bas de l'habit ait été ombré par une quatrième taille diagonale allant de droite à gauche.

740. Jeune homme assis et réfléchissant (B. 268 — D. 282).

Très belle épreuve. Colons Festetits et Dreux.

741. Manassé Ben-Israel (B. 269-D. 266).

Très belle épreuve.

742. Faustus (B. 270 — D. 259).

Superbe et très rare épreuve du 1er état : avant divers travaux, notamment avant les traits très légers à la pointe sèche sur l'épaule droite du personnage.

743. La même estampe.

Superbe épreuve du 2e état : avec les légers travaux mentionnés dans le 1er état, mais avant les retouches faites postérieurement à la planche. Colon Didot.

744. Renier Ansloo (B. 271 — D. 254).

Très belle épreuve, sur papier du japon, du 3e état : avec les sept traits perpendiculaires dans le haut, à droite, mais avant que la tablette ait été diminuée à nouveau.

745. Clément de Jonghe (B. 272 — D. 263).

Superbe et très rare épreuve du 2e état : avant que le cintre ait été formé, mais avec de nombreux travaux additionnels, notamment les tailles courtes verticales éteignant la barre blanche qui se trouve dans le 1er état, au-dessous du dossier.

746. Abraham France (B. 273 — D. 260).

Superbe épreuve, sur papier du Japon, du 6e état : avant de nombreuses retouches, notamment avant les tailles serrées sur le paysage. Colons Astley et Herzog.

747. Le Vieux Haaring (B. 274 — D. 261).

Superbe épreuve fort chargée de manière noire; elle est remargée et très légèrement rognée dans la partie supérieure; excessivement rare. Colons Aylesford et duc de Beuccleugh.

748. Le Jeune Haaring (B. 275 — D. 262).

Superbe épreuve du 2e état : avec la tringle mais avant le tableau ajouté dans le fond. Colon J. Barnard.

749. JEAN LUTMA (B. 276 — D. 265).

Magnifique et très rare épreuve du 1$^{er}$ état : avant la croisée, le nom de Lutma et celui de Rembrandt; légères piqûres d'humidité. Co$^{ons}$ Aylesford et duc de Beuccleugh.

750. LA MÊME ESTAMPE.

Superbe épreuve du 2$^{e}$ état : avec la croisée et les noms mais avant que le cintre de la fenêtre, à droite, ait été ombré par des tailles circulaires. Col$^{on}$ Didot.

751. JEAN ASSELYN, surnommé Crabbetje (B. 277 — D. 255).

Magnifique épreuve du 1$^{er}$ état : avec un chevalet sur lequel est posé un tableau, derrière le personnage. Excessivement rare. Col$^{ons}$ Aylesford, Hawkins et duc de Beuccleugh.

752. EPHRAIM BONUS, dit le Juif à la rampe (B. 278 — D. 256).

Magnifique épreuve du 2$^{e}$ état avec une marge de cinq millimètres tout autour de l'estampe. Très rare de cette qualité. Col$^{on}$ Holford.

753. JOHANNES WTENBOGARDUS (B. 279 — D. 272).

Superbe et très rare épreuve du 4$^{e}$ état : avec les vers et la planche coupée en forme octogonale, mais avec les deux onglets, de chaque côté, qui ont été supprimés dans les épreuves suivantes; marge carrée. Col$^{on}$ Schloesser.

754. JEAN SYLVIUS (B. 280 — D. 269).

Très belle épreuve.

755. UYTENBOGAERT dit le Peseur d'or (B. 281 — D. 271).

Superbe épreuve du 2$^{e}$ état : avant les grandes tailles perpendiculaires qu'on voit, sur le sol, au-dessous de la jambe gauche du jeune garçon à genoux; très grande marge. Col$^{ons}$ Chalon et Griffith.

756. LE PETIT COPPENOL (B. 282 — D. 257).

Superbe épreuve du 3$^{e}$ état : avec les tailles fines sur le front du personnage et du jeune garçon, mais avant le triptyque ayant remplacé l'œil-de-bœuf. Col$^{on}$ du comte de Fries.

757. LE BOURGMESTRE SIX (B. 285 — D. 267).

Magnifique épreuve du 2$^{e}$ état : avec le nom de Rembrandt et la date dont les chiffres 6 et 4 sont à rebours, mais avant le nom de *Jean Six Æ. 29;* elle a une petite marge. De la plus grande rareté. Co$^{ons}$ Aylesford, Hawkins et Holford.

758. Homme en cheveux (B. 289 — D. 286).

Superbe épreuve. Col$^{on}$ Didot.

759. Homme à bouche de travers (B. 305 — D. 301).

Très belle épreuve du 1$^{er}$ état : avant les travaux à la roulette.

760. Jeune homme à mi-corps (B. 310 — D. 306).

Superbe épreuve. Col$^{ons}$ Aylesford et Brodhurst.

761. Vieillard à barbe carrée (B. 313 — D. 309).

Superbe épreuve. Col$^{on}$ Liphart.

762. La grande Mariée Juive (B. 340 — D. 329).

Superbe épreuve avec la tache, sur la joue du personnage, très apparente. Col$^{on}$ Mariette 1668.

763. La petite Mariée Juive (B. 342 — D. 331).

Très belle épreuve; petite marge. Col$^{on}$ Brodhurst.

764. Vieille femme assise (B. 343 — D. 332).

Portrait de la mère de Rembrandt.

Superbe épreuve du 2$^{e}$ état : avant qu'un second trait contourne le nez du personnage et que le point qu'on voyait dessous ait disparu.

765. La liseuse (B. 345 — D. 334).

Très belle épreuve du 2$^{e}$ état : avant que le nez ait été grossi et allongé; petite marge. Col$^{on}$ Didot.

766. Vieille femme coiffée à l'orientale (B. 348 — D. 336).

Superbe épreuve, ayant une petite marge. Col$^{on}$ Malval.

767. Vieille qui dort (B. 350 — D. 338).

Très belle épreuve. Col$^{on}$ Dreux.

768. Tête de la mère de Rembrandt regardant en bas (B. 351 — D. 339).

Très belle épreuve. Col$^{on}$ Didot.

769. Tête de la mère de Rembrandt (B. 354 — D. 341).

Très belle épreuve. Col$^{on}$ H. Weber.

770. Jeune fille avec panier (B. 356 — D. 344).

Très belle épreuve. Petite marge.

771. Tête de femme âgée (B. 358 — D. 346).

Très belle épreuve. Col$^{on}$ Artaria.

772. Femme avec grande cornette (B. 359 — D. 347).

Très belle épreuve. Double du Musée de Cambridge.

773. Griffonnements où se voit la tête de Rembrandt (B. 363 — D. 351).

Très belle épreuve.

774. Griffonnements gravés sur différents sens de la planche (B. 369 — D. 357).

Très belle épreuve ayant une grande marge.

## REYNOLDS (D'après sir Josuah)

775. Fox (Charles James), gravé à la manière noire par John Jones. In-f°.

Superbe et rare épreuve du 1$^{er}$ état : avec le nom du personnage en lettres ouvertes. Grande marge.

776. Goldsmith (Oliver), gravé à la manière noire par J. Marchi. In-f°.

Superbe et rare épreuve avant le nom du personnage. Marge.

777. Hastings (Waren), gouverneur général du Bengale ; gravé à la manière noire par Th. Watson. In-f°.

Superbe épreuve.

778. Johnson (Samuel), buste demi-nature ; gravé à la manière noire par W. Doughty. In-f°.

Superbe épreuve du 2$^{e}$ état : avec la première adresse, celle du graveur laquelle fut, par la suite, changée plusieurs fois. Très rare.

779. Robertson (William), vu à mi-jambes assis dans son cabinet ; gravé à la manière noire par J. Dixon. In-f°.

Ancienne et très belle épreuve.

780. Rodney (Georges), amiral, gravé à la manière noire par J. Watson.

Superbe épreuve du 1$^{er}$ état : avant les retouches dans la planche et les changements dans les inscriptions.

781. STERNE (Laurence), vu à mi-jambes assis dans son cabinet; gravé à la manière noire par E. Fisher. In-f°.

Superbe épreuve du 1er état : avant toute retouche et avant toute adresse.

## RIBERA (Joseph)

782. DON JUAN D'AUTRICHE à cheval; le fond offre la vue de la ville de Naples, 1648 (Bartsch 14). In-f°.

Très belle épreuve du 1er état : avant que la planche ait été retouchée dans toutes ses parties et que la tête de Charles II ait été substituée à celle de Don Juan.

## ROËTTIERS (François)

783. PIERRE LE GRAND, czar de Moscovie, en buste, tête nue, vu de profil à droite.

« Dessiné d'après nature par Roëttiers pour servir au poinçon de la médaille que ce Prince fit frapper au balancier du Roy lorsqu'il vint à Paris en 1717. »

Très beau dessin, à la pierre noire et à la sanguine, du plus haut intérêt. Colon Morel de Vindé.

## ROSSI (Andréa)

784. L'empereur JOSEPH II et l'archiduc LÉOPOLD, grand-duc de Toscane, en pied sur la même planche; gravé d'après P. Battoni. Grand in-f°.

Très belle et rare épreuve avant toutes lettres.

## ROTA (Martin)

785. L'Empereur MAXIMILIEN II (Bartsch 83). In-8°.

Très belle épreuve .

786. RODOLPHE II, roi des Romains (94). In-f°. Col. Brentano.

Très belle épreuve.

## ROUSSEAUX (Philippe)

787. SÉVIGNÉ (Marie de Rabutin-Chantal, Marquise de), d'après le pastel de Nanteuil. In-f°.

Superbe épreuve avant toutes lettres et avant la bordure. Sur Chine.

## RUBENS (Pierre-Paul)

788. Sainte Catherine, (Dutuit 15 des sujets de Vierge).

Eau-forte originale du maître.
Superbe épreuve. Grande marge.

## RUISDAEL (Jacques)

789. Les voyageurs (Dutuit 4).

Très belle et rare épreuve du 3e état. Colon Seymour-Haden.

790. Le champ de blé (5).

Superbe et rare épreuve du 3e état : avec le nom du Maître et l'adresse de Wyngaerde, mais avant que le trait carré ait été renforcé au burin.

791. Les trois chênes (6).

Superbe épreuve. Colon Liphart.

## SAINT-AUBIN (Gabriel de)

792. Pièce sur le renvoi des Jésuites :

Deux médaillons sur la même feuille, dans l'un, au bas des marches d'un palais de justice? un homme jette au feu les livres de Molina, Mariana, Suarez; dans l'autre est représentée la sortie gaminante d'écoliers de la haute porte d'un collège.
Très belle épreuve, tirée de la planche non terminée et reprise dans certaines parties à l'encre et au bistre. Pièce non décrite. Colon de Goncourt.

## SAINT-AUBIN et HELMAN

793. Orléans (La famille du Duc d'), d'après Le Peintre. In-fo.

Très belle épreuve avant la lettre. Grande marge.

## SAINT-AUBIN (D'après Augustin de)

794. Tableau des portraits à la mode. La promenade des Remparts de Paris (E. Bocher 378 et 382).

Deux pièces faisant pendants gravées par P. F. Courtois.
Très belles épreuves. Très grandes marges.

795. Le Bal paré, par A. Duclos (402).

Magnifique épreuve avant toutes lettres, avant l'encadrement et avant de nombreux travaux, notamment dans les flammes des bougies. De la plus grande rareté.

796. Le Concert, par A. Duclos (403).

Superbe et très rare épreuve avant les mots : *graveur du Roy*, à la suite du nom de Saint-Aubin et avant l'adresse de la V^ve Chereau. Grande marge.

## SAVART (Pierre)

797. Bayle (Faucheux 2). — Cardinal de Bernis (3). — Buffon (9). — Leibnitz (21). 4 portraits in-8° et in-4°.

Superbes épreuves, les trois premières pièces sont avant toutes lettres.

## SCHMIDT (Georges-Frédéric)

798. Evreux (Louis de la Tour d'Auvergne comte d') lieutenant, général des Armées du Roy, d'après H. Rigaud. In-f°.

Très belle épreuve.

799. Frédéric-Henri-Louis, prince de Prusse, d'après A. Vanloo. In-f°.

Très belle épreuve.

800. Frédéric le Grand. — Frédéric III. — De Schouwalow. — Law. — L'Abbé Prévost. — La Mettrie. — 6 portraits in-8° et in-4°.

Très belles épreuves, le portrait de Law est avant toutes lettres.

801. Marche (comte de La), depuis duc d'Orléans, d'après P. de Lorme. In-f°.

Wille a travaillé à ce portrait.
Très belle épreuve. Rare.

802. Mignard (Pierre), premier peintre du roi, d'après H. Rigaud. In-f°.

Très belle et rare épreuve avant l'astérisque, au milieu de la marge inférieure, sous le trait carré. Grande marge.

## SCHONGAUER (Martin)

803. La Vierge recevant l'Annonciation (Bartsch 2).

Très belle épreuve.

804. La Nativité (5),

Très belle épreuve.

805. Jésus-Christ à la croix (24).

Superbe épreuve. Col^on^ S^t^ John Dent.

806. La Vierge debout (28).

Superbe épreuve. Rare.

807. La mort de la Vierge (33).

Très belle épreuve.

## SCHRŒDER

808. Brunswick-Lunebourg (Anne-Elisabeth, duchesse de), médaillon ovale petit in-f°.

Très belle épreuve imprimée en couleurs. Grande marge.

## SCHUPPEN (Pierre van)

809. Bonsy (Pierre de), cardinal, archevêque de Narbonne. — Beaumont (Hardouin de Perefixe de), archevêque de Paris. — Este (René d'), cardinal. 3 portraits in-f°.

Superbes épreuves.

810. Charles-Gustave, roi de Suède, d'après Kloker. In-f°.

3 épreuves en états différents : avant toutes lettres, avant la lettre mais avec les noms des artistes et avec la lettre. Très rares.

811. Edwige-Eléonore, reine de Suède. — Christine, reiue de Suède. — Le maréchal Wrangel. 3 portraits in-f°, les deux derniers gravés par Lombart et Pitau.

Très belles épreuves, la dernière pièce est avant la lettre.

812. France (Louis de), surnommé le Grand Dauphin, d'après F. de Troy. In-f°.

Superbe épreuve du 1^er^ état : avant les médaillons dans les angles.

813. La Reynie (Gabriel-Nicolas de), lieutenant de police de Paris, d'après P. Mignard. In-f°.

Superbe et très rare épreuve du 1er état : avant toutes lettres. Colon Camberlyn.

814. Lingendes (Claude de), prédicateur français, 1669. — Montmorency (Duchesse de). — Pontis (le chevalier). 5 portraits in-8°.

Très belles épreuves, les portraits de Lingendes et du chevalier Pontis sont doubles en épreuves avant et avec la lettre.

815. Le Pelletier (Louis), président à mortier au Parlement de Paris, d'après N. de Largillière. In-f°.

Très belle épreuve.

816. Louis XIV, roi de France. — Orléans (Philippe, duc d'), *Monsieur*, 2 portraits petit in-f°.

Très belles épreuves.

817. Louvois (François-Michel Le Tellier, marquis de), ministre d'État, d'après Le Febure. In-f°.

Très belle épreuve.

818. Montpensier (Anne-Marie-Louise d'Orléans, duchesse de), appelée *La Grande Mademoiselle*, d'après De Sève. In-f°.

Très belle épreuve. Rare.

819. Noailles (Anne de), amiral. — Noailles (Anne-Jules, duc de), pair et maréchal de France connu sous le nom de Duc d'Ayen. 2 portraits in-4°.

Superbes et rares épreuves avant toutes lettres.

820. Rancé (Armand-Jean Bouthilier de), réformateur de la Trappe, 1683, in-f°.

Très belle épreuve.

821. Retz (Jean-François-Paul de Gondi, cardinal de). In-f°.

Superbe épreuve avec marge. Très rare.

822. Vincent de Paul (Saint), d'après Turonem? In-f°.

Magnifique épreuve du 1er état : avant toutes lettres et avant que la couronne de lauriers, entourant le portrait, ait été terminée, toute la partie de droite est blanche. De la plus grande rareté sinon unique. Col[on] Didot.

823. La mère ANGÉLIQUE ARNAUD, 3 portraits différents dont deux gravés par Boulanger. — PIERRE SÉGUIER. — LEFEVRE DE CAUMARTIN. — PIERRE PITHOU. 6 portraits, in-4° et in-f°.

Très belles épreuves.

## SERGENT (Antoine-François)

824. AUTRICHE (Charles-Louis, archiduc d'). In-f°.

Très belle et très fraîche épreuve imprimée en couleurs. Grande marge.

825. MARCEAU (Le Général), en pied dans le costume de hussard qu'il portait au moment de sa mort. In-f°.

« *Né à Chartres, soldat à 16 ans, général à 23, mort à 27* ».

Très belle épreuve imprimée en couleurs.

## SIMON (Pierre)

826. COLBERT DE SEIGNELAY (Jean-Baptiste), fils du grand Colbert, buste fort, comme nature. Très grand in-f°.

Superbe épreuve du 1er état : avant toutes lettres. Excessivement rare.

827. LORGES (Gui-Aldonce de DURFORT-DURAS, comte de), maréchal de France, buste fort comme nature, grand in-f°.

Très belle épreuve. Col[on] Didot.

## SIMON (Jean)

828. ANNE, reine d'Angleterre. — PH. STANHOPE. — GEORGES II, roi d'Angleterre. 3 portraits in-f° gravés à la manière noire, le dernier par Gole.

Très belles épreuves.

## SIMONEAU (Charles)

829. ORLÉANS (Elisabeth-Charlotte, duchesse d'), mère du Régent, d'après H. Rigaud. In-f°.

Deux épreuves dont l'une, très belle et fort rare, est avant toutes lettres.

## SMITH (John)

830. Addison. — Locke. — Newton. — Pope. 4 portraits in-f° gravés à la manière noire.

Très belles épreuves.

831. Charles II, roi d'Angleterre, en buste dans une bordure ovale; gravé à la manière noire d'après Kneller. In-f°.

Superbe épreuve. Marge.

832. Georges II. — La Reine Marie. — Duc de Cumberland. — Georges, prince de Danemark. — Amiral Rooke. 5 portraits in-f° gravés à la manière noire.

Très belles épreuves.

833. Marie-Béatrix, reine d'Angleterre, gravé à la manière uoire d'après N. de Largillière. In-f°.

Très belle épreuve.

834. Pierre I, dit le Grand, empereur de Russie, gravé à la manière noire d'après Kneller. In-f°.

Superbe et rare épreuve avec les lettres ouvertes.

## SMITH et SARRABAT

835. Praslin (Gaston-Jean-Baptiste de Choiseul, marquis de), lieutenant général pour le Roy en Champagne. — Schomberg (Frédéric duc de), électeur de Brandebourg, à cheval. 2 portraits in-f° gravés à la manière noire.

Très belles épreuves.

## SMITH (John-Raphael)

836. *The Promenade at Carlisle House,* 1781.

Charmante pièce gravée à la manière noire dont tous les personnages sont des portraits : *Duchesse de Devonshire, Lady Duncannon*, etc.

Magnifique épreuve avant la lettre (lettres tracées à la pointe). Excessivement rare en cet état et de cette qualité.

### SOMER (Paul Van)

837. Ruyter (Michel), vu à mi-jambes. In-f°.

Belle épreuve.

### STENGLIN (Jean)

838. Elisabeth, Impératrice de Russie, à mi-corps; gravé à la manière noire d'après E. Caravaca. In-f°.

Très belle épreuve. Excessivement rare.

839. Pierre III, empereur de Russie, gravé à la manière noire d'après G. C. Grobth. In-f°.

Très belle épreuve. Excessivement rare.

### STRANGE (Robert)

840. Charles Ier, roi de la Grande-Bretagne et d'Irlande en pied, en manteau royal, d'après A. Van Dyck. In-f°.

Magnifique et très rare épreuve avant toutes lettres. Petite marge.

841. Charles Ier en pied, près de son cheval que tient le duc Hamilton. — Henriette-Marie et ses enfants. 2 portraits, gr. in-f°, gravés d'après A. Van Dyck.

Très belles épreuves.

842. Les Enfants de Charles Ier, d'après A. Van Dyck. In-f°.

Superbe épreuve. Grande marge.

### SUAVIUS (Lambert)

843. Granvelle (Antoine Perrenot, cardinal), conseiller de Charles-Quint, vu à mi-corps, tenant un livre richement relié à la main, 1556. In-f°.

Très belle épreuve. Fort rare.

### SUIDERHŒF (Jonas)

844. Descartes (R.), d'après F. Hals (Hymans 23). Petit in-f°.

Superbe épreuve antérieure au 1er état décrit : avant toute adresse. Très rare.

845. Piccolomini (Octave), général en chef des armées impériales; gravé d'après Luexensteyn (66). In-f°.

Superbe épreuve ayant une très grande marge. Excessivement rare.

846. Les quatre Bourgmestres d'Amsterdam, attendant l'arrivée de la reine Marie de Médicis, d'après T. D. Keyser (102).

Magnifique épreuve du 1er état : avant les noms du peintre et celui du graveur; grande marge. Extrêmement rare.

847. L'Assemblée des Plénipotentiaires ratifiant le Traité de Paix de Munster. d'après Terburg (103).

Magnifique épreuve avec le tracé des lignes très apparent.

## SURUGUE (Pierre-Louis)

848. Mouchy (Mme de), en habit de bal, d'après C. Coypel. In-f°.

Superbe épreuve avant toutes lettres Excessivement rare.

## THOMASSIN (Simon)

849. Saint-Aignan (Paul de Beauvillier, duc de), d'après H. Rigaud. Grand in-f°.

Très belle épreuve.

850. Bourgogne (Louis, duc de). — Bourgogne (Marie-Adélaïde de Savoie, duchesse de), sa femme. Deux portraits, petit in-f°, faisant pendants.

Très belles épreuves.

## TROUVAIN (Antoine)

851. Louis, dauphin, fils de Louis le Grand, en pied. In-f°.

Très belle épreuve.

## TURNER (Charles)

852. Malibran (Mme), d'après Decaisne. Petit in-f°.

Superbe épreuve avant toutes lettres.

853. Nelson, amiral, en pied; gravé à la manière noire d'après Hopner. Grand-in-f°.

Très belle épreuve lettres grises. Marge.

## VALCK (Gérard)

854. Mazarin (Hortense Mancini, duchesse de), d'après P. Lely. Petit in-f°.

Magnifique épreuve avant toutes lettres et avant quelques légers travaux. De la plus grande rareté. Col[on] Brodhurst.

855. La même Estampe.

Très belle épreuve avec la lettre, mais avant les tailles sur le manteau, à la hauteur des genoux du personnage.

## VALLET (Guillaume)

856. Corneille (P.), d'après A. Paillet. Grand in-4°.

Très belle épreuve.

857. France (Louis de), le *Grand Dauphin*, d'après Jouvenet. In-f°.

Très belle épreuve.

858. Montpensier (Anne-Marie-Louise d'Orléans duchesse de), appelée la *Grande Mademoiselle*, d'après Nocret. In-f°.

Superbe épreuve du 1er état : avant de nombreux changements, notamment avant que l'ovale ait été modifié et orné de guirlandes de fleurs. Très rare.

## VELDE (Guillaume Van de)

859. Cromwell (Olivier), en buste, dans une bordure ovale, équarrie, ornée dans les angles de quatre médaillons renfermant les lettres P. R. O. C. In-f°.

Superbe épreuve avec marge; excessivement rare. Col[on] Didot.

## VERKOLJE (Jean)

860. Guillaume III, roi d'Angleterre. — Marie, reine d'Angleterre, vus jusqu'aux genoux. 2 portraits, in-f°, gravés à la manière noire.

Très belles épreuves, le portrait du roi est avant la lettre.

## VERMEULEN (Cornélis)

861. Barbézieux (Louis-François Le Tellier, marquis de), secrétaire d'État. — Broglie (Charles-Amédée de),

lieutenant général des armées du Roy. 2 portraits in-f°, gravés d'après Mignard et H. Rigaud.

Très belles épreuves.

862. Catinat (N. de), maréchal de France. In-f°.

Très belle épreuve.

863. Maximilien-Emmanuel, comte Palatin, d'après J. Vivien. In-f°.

Deux épreuves dont l'une, très belle, est avant toutes lettres.

## VERNET (D'après Joseph)

864. La Tempête, par Baléchou.

Superbe épreuve du 1er état : avant les raies et avec la faute, dans l'inscription, au mot *compagnie* lequel est écrit *compagine*. Très rare.

## VICO (Enéas)

865. Charles-Quint, empereur, dans un ovale ménagé au milieu d'une décoration architecturale. Grand in-f°.

Très belle épreuve avant l'adresse de Salamanque.

## VINKELES (Reinier)

866. Guillaume V, roi de Hollande. — Frédérique-Sophie-Wilhelmine, sa femme. 2 portraits équestres, in-f°, gravés d'après C. Haag.

Très belles et rares épreuves avant la lettre. Grandes marges.

## VISSCHER (Cornélius)

867. Alexandre VII, pape. In-f°.

Superbe épreuve avant l'adresse de Clément Jonghe.

868. Gustave-Adolphe, roi de Suède. — Christine, reine de Suède. 2 portraits en pied, in-f°, faisant pendants.

Superbes épreuves. Colon Didot.

## VISSCHER (Lambert)

869. Witt (Jean de), grand pensionnaire de Hollande; dans le fond, la vue de la salle des États. Grand in-f°.

Superbe épreuve avant toutes lettres. Excessivement rare.

870. LA MÊME ESTAMPE.

Très belle épreuve avant de nombreux changements et avant que la salle des États ait été remplacée par le portrait de C. de Witt gravé par Romeyn de Hooghe.

## VOSTERMAN et P. PONTIUS

871. ISABELLE D'ESTE, belle-sœur de Lucrèce Borgia. — THOMAS DE SAVOIE, prince de Carignan. 2 portraits, in-f°, gravés d'après Le Titien et Van Dyck.

Très belles épreuves.

## WAGNER (Joseph)

872. ÉLISABETH PETROWNA, impératrice de Russie, d'après Amiconi. In-f°.

Très belle épreuve.

## WALKER et TURNER

873. Robert BURNS. — Lord BYRON. 2 pièces in-f°, gravées à la manière noire d'après Walker et Westall.

Très belles épreuves. Marges.

## WATSON (James)

874. WALPOLE (Sir Robert), en pied; gravé à la manière noire d'après Vanloo. In-f°.

Superbe épreuve.

## WATTEAU (D'après Antoine)

875. Son Portrait, gravé par Boucher. In-f°.

Très belle épreuve. Toute marge.

876. Watteau debout et M. de Julienne jouant du violoncelle dans un jardin, par Tardieu.

Très belle épreuve. Très grande marge.

877. Recrue allant joindre le Régiment.

Eau-forte originale du maître terminée par Thomassin. Très belle épreuve avec la première adresse, celle de Sirois.

878. L'Accord parfait, par Baron.

Très belle épreuve du 1er état : avant les mots, *Juv. Sat.* 2. Très grande marge.

879. L'Assemblée galante, par Le Bas.

Superbe épreuve ayant toute sa marge. Rare de cette qualité.

880. Le Bosquet de Bacchus, par C. N. Cochin,

Très belle épreuve. Marge.

881. La Collation, par Moyreau.

Très belle épreuve. Toute marge.

882. L'Ile enchantée, par Le Bas.

Superbe épreuve ayant une grande marge. Rare.

883. L'Ile de Cythère, par De Larmessin.

Très belle épreuve. Marge.

884. Louis XIV mettant le cordon bleu à Monsieur de Bourgogne, père de Louis XV, par De Larmessin.

Très belle épreuve.

885. La Perspective, par Crépy.

Superbe épreuve avec le titre écrit : *Persepective*. Toute marge.

886. Feste bachique. — La balanceuse. — Partie de chasse. — Le May. Suite de quatre grandes arabesques, en hauteur, gravées par Moyreau, Le Bas, Scotin et Aveline.

Très belles épreuves avec marges. Rares à trouver réunies.

887. L'Escarpolette, grande arabesque, en hauteur, gravée par Crépy.

Très belle épreuve. Toute marge.

888. Colombine et Arlequin. — Les Singes de Mars. — Le Berceau. 3 grandes arabesques, en hauteur, gravées par Moyreau et Huquier.

Très belles épreuves. Toutes marges.

## WATERLOO (Antoine)

889. Le Départ d'Agar (Dutuit 131).

Très belle épreuve tirée sur papier à la folie.

## WIERRIX (Jérôme et Antoine)

890. Albert, archiduc d'Autriche. — Isabelle-Claire-Eugénie, infante d'Espagne, sa femme. 2 portraits, in-18, dans des bordures carrées, faisant pendants (Alvin 1836 et 1951).

Superbes épreuves avec de très grandes marges.

891. Les mêmes Personnages, dans des bordures ovales équarries dont les coins sont occupés par quatre figures allégoriques (1838 et 1955). In-8°.

Superbes épreuves. Très rares.

892. Verneuil (Henriette de Balzac, marquise de) (1860). Petit in-f°.

Superbe et très rare épreuve du 2e état : avec l'adresse de Paul de la Houve biffée, mais avant que cette adresse ait été remplacée par celle de H. Adolfz.

893. Borgia (François), troisième général des Jésuites (1867). In-18.

Superbe et très rare épreuve avant toutes lettres. État non décrit.

894. Bar (Catherine de Bourbon, duchesse de) (1872). In-f°.

Magnifique épreuve du 1er état : avec l'adresse de P. de la Houve qui plus tard fut biffée, et puis remplacée par celle de H. Adolfz; elle est de la plus grande fraîcheur. Excessivement rare de cette qualité et en aussi parfaite condition.

895. Henri III, roi de France. In-f°.

En buste, vu de trois quarts à gauche, il est coiffé d'un toquet surmonté d'une aigrette; au bas quatre vers commençant par ces mots : *Peintre afin que ton art imite la nature*, etc. Estampe non décrite.

Superbe épreuve avant les mots : *Hanry III, roi de France*, dans le haut de l'estampe et avec l'adresse de P. de la Houve biffée au-dessous des vers, adresse qui, par la suite, fut remplacée par celle de H. Hondius. Excessivement rare.

896. Élisabeth, reine d'Angleterre (1892). In-18.

Superbe épreuve. Fort rare.

897. Henri III, roi de France (1919). In-18.

Superbe épreuve.

898. Loyola (Ignace de), fondateur de l'ordre des Jésuites (1939).

Superbe épreuve avant toutes lettres. État non décrit.

899. Leycester (Robert Dudley, comte de) (1963). In-18.

Très belle épreuve. Rare.

900. Médicis (Marie de), reine de France (1976). In-18.

Superbe et très rare épreuve du 1er état : avant l'adresse de Jérôme Wierrix.

901. Philippe II, roi d'Espagne en buste, il est coiffé d'un chapeau dont les bords sont extrêmement petits (2004). In-f°.

Superbe épreuve; excessivement rare. Col[on] Didot.

902. Aquaviva (Claude) (1857). — Clément VIII, pape (1881). — Loyola (Ignace de) (1934). — Sainez (Jacob) (1962). — Mercuralis (Everard) (1907). — François-Xavier (Saint) (1987). 6 portraits in-18.

Superbes épreuves ayant pour la plupart de grandes marges.

903. Ernest, archiduc d'Autriche, gouverneur des Pays-Bas (1895). — Orange (Guillaume d'), le *Taciturne* (1993). — Philippe III, roi d'Espagne (2012). — Sigismond III, roi de Pologne (2027), 4 portraits in-18.

Très belles épreuves.

904. Condé (Louis de Bourbon, prince de) (1874). — Henri III, roi de France (1919). — Médicis (Catherine de), reine de France (1975). — Mercœur (Philippe-Emmanuel de Lorraine, duc de) (1982), 4 portraits in-18, in-8° et in-4°.

Très belles épreuves.

905. Portraits en pied des trois frères Gaspard, Odet et Fran-

çois de Coligny, réunis sur la même feuille. Petit in-f°.

Superbe épreuve d'une rare estampe que M. Alvin donne à Wierix (n° 1885 de son catalogue), mais qui n'est pas de ce maître, c'est la copie, par un graveur anonyme Hollandais, de l'estampe de Marc-Duval.

## WILLIAMS (Rogers)

906. Bragance (Catherine de), reine de la Grande-Bretagne; médaillon ovale, in-f°, gravé à la manière noire, d'après W. Wissing.

Très belle épreuve.

## WILLE (Jean-Georges)

907. Fréderic II, roi de Prusse, d'après A. Pesne. In-f°.

Très belle épreuve.

908. Lowendal (Woldemar de), maréchal de France, d'après De la Tour. In-f°.

Superbe épreuve du 1er état : avant toutes lettres et avant la bordure. Très rare.

909. Louis XV. — Marie-Thérèse d'Espagne. — P. de Guérin de Tencin. — F. Quesnay. 4 portraits in-4° et in-f°.

Très belles épreuves.

910. Mothe-Houdancourt (Philippe de La), maréchal de France. In-4°.

Très belle épreuve; grande marge. Rare.

911. Saint-Florentin (Louis Phelypeaux, comte de), ministre de la maison du Roi, d'après L. Tocqué. In-f°.

Très belle et rare épreuve du 2e état : avec la lettre, mais avant la qualité de ministre et avant que les maillets, dans les armes, aient été teintés. Grande marge.

912. Singlin (Antoine de), supérieur de Port-Royal-des-Champs, d'après Ph. de Champaigne. In-4°.

Deux épreuves dont l'une, très belle, est avant toutes lettres.

913. Charles, prince de Galles, d'après Tocqué. — Charles-Édouard, dit le Prétendant. 2 portraits in-f° et in-4°, le dernier gravé en collaboration avec Daullé.

Très belles épreuves.

914. Charles-Frédéric. — Charles-Théodore. — Frédéric II. — Frédéric-Christian, roi de Danemark. 6 portraits in-4° et in-f°.

Très belles épreuves; les deux dernières pièces, gravées par Preisler, l'ont été en collaboration avec Wille, d'après une note manuscrite, du temps, tracée sur l'une de ces pièces.

915. F. de Neufville, duc de Villeroy, maréchal de France. — C. L. Auguste Foucquet de Belle-Isle, maréchal de France. — Maurice de Saxe, maréchal de France. 3 portraits in-f°, d'après Chevalier et H. Rigaud.

Très belles épreuves ayant de grandes marges.

## WORTMAN (Chrétien-Albert)

916. Anne Ivanowna, impératrice de Russie, d'après Caravaca. In-f°.

Très belle épreuve.

917. Anne Petrowna, duchesse de Schleswig-Holstein. In-f°.

Très belle épreuve.

918. Pierre le Grand, empereur de Russie, d'après Tannauer, 1714. In-f°.

Très belle épreuve.

919. Pierre II, empereur de Russie, d'après Ludden. In-f°.

Très belle épreuve. Grange marge.

920. Catharina-Alexiewna (La Grande-Duchesse). In-f°.

Très belle épreuve.

## ZAGEL (Martin)

921. L'Embrassement (Bartsch 15).

Très belle épreuve.

## ZUNDT (Mathias)

922. La Valette (Jean de), grand maître de Malte. 1566. In-4°.

Trés belle èpreuve. Non décrit.

# PORTRAITS CLASSÉS CHRONOLOGIQUEMENT

## PORTRAITS FRANÇAIS

(XVIe AU XIXe SIÈCLE)

923. Connétable de Bourbon. — François II. — Charles IX. — Henri III. — Duc de Nemours, etc. 32 portraits in-18, in-4° et in-f°, dont un certain nombre extraits de la Chronologie collée, gravés par Th. de Leu, L. Gaultier, Vorsterman et autres artistes.

Très belles épreuves.

924. Maréchal de Viefville. — Cardinal de Bourbon. — Marguerite de Valois. 3 portraits, in-8°, gravés par Woeriot, Gourmont et Firens.

Très belles épreuves.

925. Duc de Guise. — Cardinal de Lorraine. — Comte de Cossé-Brissac. — Charlotte de La Trémouille. — Maréchal de Biron. — Maréchal de Matignon. — Sully. 10 portraits in-8° et in-4°, par Granthomme, G. Isaac et autres artistes.

Très belles épreuves.

926. Marie de Médicis, 2 portraits différents. — Marie-Thérèse. — Princesse de Conti douairière, 4 portraits gravés par P. Pontius, Pitau et autres artistes.

Très belles épreuves.

927. Louis XIII. — Anne d'Autriche. — Gaston d'Orléans. — Duchesse d'Orléans. — Vitry. — Cardinal de

RICHELIEU. — CINQ-MARS. — Duc de MONTMORENCY. — Le grand CONDÉ. — Mlle de LA FAYETTE. — Mlle de CHATILLON. — Princesse de CONDÉ, etc. 21 portraits, in-8° et in-f°, gravés la plupart par Firens, A. Bosse et M. Lasne.

Très belles épreuves.

928. Cardinal de RICHELIEU. — CINQ-MARS. — CONDÉ. — Mal de MARILLAC. — Duc de MONTMORENCY. — MAZARIN. — Mlle de CHATILLON. — Mlle de LA FAYETTE. — Princesse de CONDÉ, etc. 12 portraits in-4° et in-f°, gravés la plupart par M. Lasne.

Très belles épreuves.

929. L. DE MARILLAC, maréchal de France. — Ch. DE SCHOMBERG, gouverneur du Languedoc. — Comte de SOISSONS. 3 portraits, in-4° et in-f°, gravés par M. Lasne, Picart et David.

Très belles épreuves.

930. DE LAUBESPINE. — BROUSSEL. — A. DE THOU. 3 portraits, in-f°, gravés par Ragot et Lochon.

Très belles épreuves.

931. Prince de CONDÉ. — Duc de MAZARIN. — Duc de VENDÔME, 2 épreuves. — Duc de DURAS. — Prince de SOUBISE, 6 portraits, in-f°, gravés par Frosne, De Larmessin et autres artistes.

Très belles épreuves.

932. Duchesse de LONGUEVILLE. — Duchesse de GUISE. — Duchesse de MAZARIN. — Prince de CONTI. 5 portraits, in-8° et in-4°, gravés au burin et à la manière noire, par Regnesson, De Blois, Schenck et Van der Bruggen.

Très belles épreuves.

933. LOUIS XIV jeune, 2 portraits différents. — DUC D'ORLÉANS. — Duc de BOURBON. — Mariage du DUC DE BOURGOGNE. — Duchesse DU MAINE. 6 portraits, in-f°, gravés par G. Huret, Mellan, Poilly et Bonnart.

Très belles épreuves.

934. Louis XIV. — Marie-Thérèse. — La Dauphine. — Duchesse d'Orléans. — Mazarin. — Duchesse de Fontanges. — Prince de Conti. — Maréchal de Créquy. — Maréchal de Grammont. — Duc de Montausier. — Duchesse du Maine, etc. 17 portraits in-8°, in-4° et in-f°, gravés par Lombart, Landry, Trouvain et autres graveurs.

Très belles épreuves.

935. Maintenon (Françoise d'Aubigné, marquise de). 3 portraits différents, in-4° et in-f°, gravés par Le Moine, Ficquet et Giffart.

Très belles épreuves.

936. Duquesne. — Duguay-Trouin. — Vauban. — Boufflers. — Maréchal de Luxembourg. — Tallard. — Duc de Vendôme. — Marquis de Chamilly. — Catinat. — Maréchal de Choiseul. — Chevalier de Lorraine. — Marquise de Quélus, etc., 23 portraits in-4° et in-8°, par Edelinck, Roullet et Trouvain.

Très belles épreuves.

937. Antoine le Maistre. — Pierre Fermat. — Phelypeaux de Pontchartrain. — N. Fouquet. 4 portraits in-f°, gravés par Poilly, Mellan et autres graveurs.

Très belles épreuves.

938. Cardinal d'Estrées. — Cardinal de Bouillon. — Cardinal de Rohan. 3 portraits in-f°, gravés par Drevet, Preisler et L. Cars.

Très belles épreuves.

939. E. de La Tour d'Auvergne. — Hardouin de Perefixe. — Olier, — Cardinal de Bonzy. 4 portraits in-f°, gravés par Pitau et Natalis.

Très belles épreuves.

940. Saint Vincent de Paul. — Mlle Legras. — Malebranche. — Mezerai. — Nicole. — Le Maistre de Sacy, etc. 12 portraits, in-4°, gravés par Edelinck, Masson, Pitau et autres graveurs.

Très belles épreuves.

941. HAMON. — Père LA CHAISE. — Abbé DE RANCÉ. — BOURDALOUE. — BOSSUET. — FLÉCHIER. — Mme DE MIRAMION, — Le Père LE MOYNE. — Le Père PORÉE, etc. 13 portraits, in-4°, gravés par Van Schuppen, Edelinck et autres graveurs.

Très belles épreuves.

942. CL. MAROT. — Mlle GOURNAY. — MOLIÈRE. — RACINE. — LA FONTAINE. — Mme de MOTTEVILLE. — LA BRUYÈRE. — SAINT-SIMON. — MONTESQUIEU. — SAINT-EVREMOND. — Duc de LA ROCHEFOUCAUD. — MONTESQUIEU, etc. 19 portraits, in-4° et in-8°, gravés la plupart par Edelinck, Drevet et Grateloup.

Très belles épreuves.

943. PHILIPPE, régent de France, 2 portraits différents. — Duc de BROGLIE, à cheval. — Comte de MAUREPAS, en pied. — Marquis de NESLES, en pied. 5 portraits, in-f°, gravés par Chereau et Petit.

Très belles épreuves.

944. Le RÉGENT. — Duchesse d'ORLÉANS. — Princesse de CONTI. — Duchesse de LORRAINE. — Duchesse de LESDIGUIÈRES. — LOUIS XV. — LE DAUPHIN. — LOUISE-MARIE DE FRANCE. — STANISLAS Ier, etc. 17 portraits, in-8°, gravés par Drevet, Wille et autres graveurs.

Très belles épreuves.

945. Duc de CHOISEUL, en pied. — Duc de PRASLIN. — Le Maréchal de RICHELIEU, en pied. — VOYER D'ARGENSON. 5 portraits in-f°, gravés par Lowery, David et Vangelisty.

Très belles épreuves.

946. Maréchal de NOAILLES. — VOYER D'ARGENSON. — Duc de CHOISEUL. — Maréchal de BELLE-ISLE. — Maréchal de LOWENDAL. — Duc de BROGLIE. — CHEVERT. — Maréchal de RICHELIEU. — Duc de LA VRILLIÈRE. — CARADEUC DE LA CHALOTAIS. — Président de MAUPEOU, 19 portraits, in-8° et in-4°, gravés par De Launay, Cathelin et autres artistes.

Très belles épreuves.

947. Voltaire. — Maréchal du Chatelet. — La marquise de Vilette. — Tronchain. — d'Alembert. — Fréron. — J.-J. Rousseau. — Diderot. — Fontenelle. 23 portraits, in-8° et in-4°, la plupart par Savart, Gaucher et Saint-Aubin.

Très belles épreuves.

948. Louis XVI. — Marie-Antoinette. 2 très jolis portraits, in-18, en regard l'un de l'autre sur la même feuille, gravés par Le Beau.

Très belles et rares épreuves avant le numéro.

949. Louis XVI. — Marie-Antoinette. 2 portraits in-4°, faisant pendants, gravés par Dupin fils et Sallin, d'après Vanloo.

Très belles épreuves. Marges.

950. Marie-Antoinette, archiduchesse d'Autriche, reine de France, en pied, en grand costume de cour; gravé par Duflos d'après Touzé. Petit in-f°.

Très belle épreuve. Grande marge.

951. Louis XVI, comme Dauphin. — Louis XVI, Marie-Antoinette, et le Dauphin, en camées dans un médaillon. — Madame Élisabeth. 3 portraits, in-4°, gravés par Moreau et A. de Saint-Aubin.

Très belles épreuves.

952. Louis XVI, Marie-Antoinette et le Dauphin dans un médaillon. — Madame Élisabeth. — Séparation de Louis XVI de sa famille. — Prince et princesse de Conti. — Madame Adelaïde. — Prince de Condé. Duc et Duchesse de Bourbon. — Duchesse d'Orléans douairière. 13 portraits, in-8° et in-4°, gravés par Saint-Aubin, Gaucher, Le Beau et autres artistes.

Très belles épreuves.

953. Provence (Comte et Comtesse de). 2 portraits, in-4°, gravés par Boizot et Cathelin.

Très belles épreuves, le portrait de la comtesse de Provence est avant toutes lettres.

954. Artois (Comte et Comtesse d'). 2 médaillons ovales in-4°, faisant pendants, gravés par Dupin.

Très belles épreuves ayant de très grandes marges.

955. Condé (Louis-Joseph de Bourbon, Prince de), par Cathelin, d'après Le Noir. In-f°.

Deux épreuves dont l'une, très belle, est avant toutes lettres.

956. Artois (Marie-Thérèse, Princesse de Savoie, comtesse d'), par Cathelin. In-4°.

Très belle et rare épreuve avant toutes lettres et avant les armoiries.

957. Comte d'Artois. — Duc d'Orléans. — Comte de Penthièvre. — Duc de Chartres. 4 portraits, in-4° et in-f°, gravés par Dupin, Saint-Aubin et Chevillet.

Très belles épreuves avec marges.

958. Comte d'Estaing. — Lapérouse. — Bailli de Suffren. Duc de Brissac. — Duc de Breteuil. — Cardinal de Rohan. — Et. Turgot. — J. Turgot. — Grimm. — Malesherbes. — Chevalière d'Eon. 22 portraits, in-8° et in-4°, gravés par Gaucher et autres graveurs.

Très belles épreuves.

959. Suffren Saint-Tropez (Pierre-André, bailli de), vice-amiral de France, en buste, vu de profil.

Très intéressant croquis à la pierre noire fait, d'après nature, pour la médaille de Provence, plus la face et le revers de cette médaille dessinés à la sépia.

960. Comte de Vergennes. — L'abbé Terray. — Étienne Turgot. 3 portraits, in-f°, gravés par Cathelin et Vangelisty.

Très belles épreuves avant et avec la lettre.

961. Lamoignon de Malesherbes, 2 portraits différents. — Augustin de Maupeou; garde des sceaux. — Comte de Saint-Germain. 5 portraits, in-4° et in-8°, par Gaucher, Thomas et autres artistes.

Très belles épreuves avant et avec la lettre.

962. Le président HENAULT. — FONTENELLE. — BUFFON. — Mme DE GRAFFIGNY. — MARIVAUX. — MARMONTEL. — BEAUMARCHAIS. — RAYNAL. — LA HARPE. — SEDAINE, etc. 17 portraits, in-4°, la plupart par Cochin, Gaucher et Saint-Aubin.

Très belles épreuves avant et avec la lettre.

963. MIRABEAU (Honoré-Gabriel-Riquetti de), gravé par Fiésinger d'après Guérin, In-f°.

Superbe épreuve tirée sur fond teinté vert. Marge.

964. NECKER. — LA FAYETTE. — BAILLY. — MIRABEAU. — CAMILLE DESMOULINS. — BRISSOT. — CLAUDE FAUCHET. — DANTON. — CUSTINE. — DUMOURIEZ. — Mme ROLAND. 11 portraits, in-4° et in-8°, gravés la plupart au physionotrace.

Très belles épreuves imprimées en noir et en couleurs.

965. MIRABEAU. — LA FAYETTE. — BARRÈRE. — RŒDERER. — PETION. — ROBESPIERRE. — SIEYÈS. — CH. LAMETH. — A. LAMETH. — MALOUET. — BARNAVE. 13 portraits, in-4° dont 2 doubles, gravés par Fiésinger d'après Guérin.

Superbes épreuves imprimées en bistre, dix sont avant les inscriptions suivant les noms. Grandes marges.

966. HOCHE (Le général), en buste dans un médaillon ovale. Pièce anonyme, in-f°, gravée à la manière noire.

Très belle épreuve. Fort rare.

967. HOCHE (Le général), en pied, gravé à la manière noire par Coqueret d'après Hilaire Le Duc. In-f°.

Très belle épreuve.

968. PICHEGRU (Le général), en pied, gravé à la manière noire par Coqueret d'après Hilaire Le Duc. In-f°.

Très belle épreuve.

969. BUONAPARTE (Le général), gravé par Fiésinger d'après Guérin. In-f°.

Très belle épreuve. Grande marge.

970. BONAPARTE (Le Général), gravé par BARTOLOZZI, d'après Appiani. In-f°.

Très belle épreuve. Grande marge.

971. BONAPARTE et JOSÉPHINE, 6 portraits différents. — MASSÉNA. — BERNADOTTE. — DESAIX. — CARNOT. — NEY. — TALLEYRAND, etc. 13 portraits, in-4° et in-f°, gravés par Choffard, Fiésinger et autres graveurs.

Très belles épreuves.

972. DESAIX. — KLÉBER. — MASSÉNA. — MOREAU. 4 portraits, in-f° en médaillons, gravés par Fiésinger d'après Guérin.

Très belles épreuves. Toutes marges.

973. MURAT. — OUDINOT? (le Général), 2 portraits, in-f°, gravés par Pradier et Forster.

Très belles épreuves avant la lettre. Grandes marges.

974. LOUIS XVIII, roi de France, par Raphaël Morghen, in-f°.

Superbe épreuve, avant toutes lettres, d'un portrait excessivement rare n'ayant jamais été mis dans le commerce.

975. LOUIS XVIII. — Comte D'ARTOIS. — Duc D'ENGHIEN. — Mme la Duchesse D'ANGOULÊME. 7 portraits in-4° gravés par Levachez, R. Morghen et Cardon.

Très belles épreuves imprimées en noir et en couleurs.

976. BERRY (Duc et Duchesse de), médaillons ovales.

Deux très jolis dessins à la sépia attribués à Augustin.

977. ANGOULÊME (Duc et Duchesse d'). 2 portraits, in-f°, gravés à la manière noire par Turner d'après Huet-Villiers.

Très belles épreuves, le portrait de la Duchesse est avant toutes lettres. Marges.

978. Le duc de RICHELIEU. — CASIMIR PÉRIER. — Le général FOY. — Le comte MOLÉ. — GUIZOT. — THIERS, 6 portraits in-f° gravés par Lignon, Lefèvre et Calamatta.

Très belles épreuves avant la lettre.

979. André Chénier. — Ducis. — Mme de Staël. — Mme Necker. — Chateaubriand. — Béranger. — George Sand. — V. Hugo. — Thiers. — Al. de Vigny, etc. 18 portraits, in-f° et in-4°, gravés et lithographiés.

Très belles épreuves.

980. Buffon. — Bernardin de Saint-Pierre. — J. Delille. — Comte de Ségur. — Sismondi. — George Sand, 2 portraits différents. Ensemble 7 portraits, in-f° et in-4°, gravés par Young, Henriquel-Dupont, Calamatta et autres artistes.

Très belles épreuves. 5 sont avant la lettre.

981. Schiller. — Arago. — Victor Hugo. — Alfred de Vigny. — Lamartine, 3 portraits différents. — Villemain. Ensemble 9 portraits in-f° gravés et lithographiés par Muller, Lorichon, Devéria et autres artistes.

Très belles épreuves, la plupart avant la lettre ou à l'état d'eau-forte.

982. Cuvier. — Humboldt. — V. Cousin. — Villemain. — Mme Elliot. — Alfred de Musset. 9 portraits in-4°, gravés par Richomme, Pollet et Rajon.

Très belles épreuves.

## PORTRAITS ÉTRANGERS

983. Rodolphe II. — L'Empereur Mathias. — Jean-Georges, duc de Saxe. — Bernard de Saxe, duc de Weimar. 6 portraits in-f°.

Très belles épreuves.

984. Erasme. — Luther. — Mélanchton. — Calvin. — Thomas Morus. — etc. 8 portraits, in-4° et in-8°, gravés par Cranach, Vorsterman et autres graveurs.

Très belles épreuves.

985. Frédéric le Sage. — Marie d'Autriche. — L'empereur Mathias. — Ferdinand III. — Wallenstein. — Comte de Tilly. — Piccolomini, etc. 14 portraits, in-8° et in-4°, par Sadeler, P. de Iode et autres graveurs.

Très belles épreuves.

986. JEAN-GUILLAUME, duc de CLÈVES. — MARGUERITE DE LORRAINE. — GEORGES-GUILLAUME, électeur de Brandebourg. — FRÉDÉRIC-GUILLAUME. — FRÉDÉRIC II. — FRÉDÉRIC-GUILLAUME II. — DUC DE BAVIÈRE. — DUC DE BADE, etc. 18 portraits, in-8° et in-4°, par C. de Passe, Masson et autres graveurs.

Très belles épreuves.

987. FERDINAND II. — FERDINAND III, empereurs d'Allemagne. 3 portraits, in-f°, gravés par Van Sompel, Suiderhoef et Kilian.

Très belles épreuves avant les numéros.

988. SCHWARZENBERG. — Le Prince EUGÈNE, 3 portraits différents. — Comte de KAUNITZ. Ensemble 5 portraits, in-f°, gravés par Gunst, B. Picart et autres artistes.

Très belles épreuves.

989. MENZEL. — CHARLES V, duc de Lorraine. — Comte CHARLES-ALEXANDRE de Lorraine. — Comte DE DAUN. 5 portraits, in-f°, gravés par Blooteling, Gantrel et Bernigeroth.

Très belles épreuves.

990. FRANÇOIS Ier — MARIE-THÉRÈSE. — JOSEPH II. 5 portraits, in-f°, gravés par Schmutzer, Schulze et autres artistes.

Très belles épreuves avant et avec la lettre.

991. LOUIS, prince de Bade. — LÉOPOLD Ier. — CHARLES VI. — MARIE-THÉRÈSE. — JOSEPH II. — LÉOPOLD II. — FRANÇOIS Ier. — Archiduc CHARLES, etc. 16 portraits, in-8° et in-4°, gravés par Gole, Liotard et autres graveurs.

Très belles épreuves.

992. LEIBNITZ. — WOLFF. — GŒTHE. — LESSING. — KANT. GESSNER. — WIELAND. — LAVATER. 12 portraits, in-4°, gravés la plupart par Bause.

Très belles épreuves.

993. Rameau. — Grétry. — Gluck. — Haydn, 3 portraits. — Mendelssohn. — Basedow. Ensemble 9 portraits, in-4°, gravés par Saint-Aubin, Bartolozzi et Bause.

Très belles épreuves avant et avec la lettre.

994. Frédéric-Guillaume, électeur de Brandebourg. — Frédéric, électeur de Brandebourg. — Frédéric-Guillaume Ier, roi de Prusse. — Joachim-Ernest de Grumkow, grand maréchal de la cour. 4 portraits, in-f°, gravés au burin et à la manière noire, par Visscher, Valck et Smith.

Très belles épreuves.

995. Frédéric II, roi de Prusse. 3 portraits, in-f°, gravés par Bock, Bause et Bartolozzi.

Très belles épreuves.

996. Louise-Ulrique. — Sophie-Dorothée. — Frédérique-Sophie-Wilhelmine, reine de Prusse. 3 portraits, in-4° et in-f°, gravés par Gaillard, Houbraken et Chodowieki.

Très belles épreuves.

997. Louise-Augusta-Wilhelmine-Amélie, reine de Prusse. — L'Empereur Alexandre présenté à la reine de Prusse, 1802. — L'Empereur Alexandre, Le Roi et la Reine de Prusse au tombeau du grand Frédéric. — La Reine de Prusse après la bataille d'Iéna. 4 pièces gravées par Bolt, Haas et autres artistes.

Très belles épreuves.

998. Brunswick (Auguste, duc de). — Brunswick (Duc de). — Brunswick-Lunebourg (Charles-Ferdinand, duc de). — Le Feld-Maréchal Blucher. — L'Empereur Guillaume Ier. 5 portraits, in-f°, gravés par Waumann, De Marcenay et autres artistes.

Très belles épreuves.

999. Bacon. — Lord Dudley. — Walter Raleigh. — Jacques Ier. — Draeke. — Charles Ier. — Cromwell. — Fairfax. — Jacques II. — Anne Hyde. — Guillaume III,

— MILTON. — NEWTON. etc. 30 portraits, in-8° et in-4°, par C. de Passe, Faithorne et autres graveurs.

Très belles épreuves.

1000. CATHERINE, reine de la Grande-Bretagne, en pied. — Duchesse de PORTSMOUTH. — NELLY GWIN. — MARIE, reine de la Grande-Bretagne, 4 portraits, in-4° et in-f°, gravés à la manière noire par Smith, Schenck et N. Visscher.

Très belles épreuves.

1001. JAMES, duc de Monmouth. — GEORGES III. — CAROLINE, princesse de Galles. — CHARLOTTE, princesse de Galles, en pied. — Duc de WELLINGTON. 5 portraits, in-4° et in-8°, gravés par Chereau, Agar, Schiavonetti et autres artistes.

Très belles épreuves.

1002. SWIFT. — HORACE WALPOLE. — WILLIAM PITT. — Lord HOOD. 4 portraits, in-4° et in-f°, gravés par M. Ardell et Bartolozzi.

Très belles épreuves, le portrait de Swift est avant toutes lettres.

1003. FRANKLIN (Benjamin). — WASHINGTON. 2 portraits, in-f°, gravés par Cathelin et Roberts.

Très belles épreuves, la première pièce est avant la lettre.

1004. Don JUAN D'AUTRICHE. — Duc D'ALBE. — Duc de PARME. — LÉOPOLD-GUILLAUME. — FERDINAND D'AUTRICHE. — SPINOLA. — F. de MONCADE. — PH. DE MARNIX, etc. 12 portraits, in-4° et in-8°, par C. de Passe, De Gheyn et autres graveurs.

Très belles épreuves.

1005. MARGUERITE D'AUTRICHE. — PHILIPPE IV. — Comte de FUENTES. — MARIE D'AUTRICHE. — Don Luis DE HARO. — PHILIPPE V. — CHARLES III. — Cardinal ALBÉRONI. — PIERRE II de Portugal, etc. 18 portraits, in-4° et in-8°, par divers graveurs.

Très belles épreuves.

1006. PHILIPPE III, roi d'Espagne. — MARIE-LOUISE d'ORLÉANS, — Don FRANCISCO DE MELLO. 3 portraits, in-f°, gravés par Suiderhoef, Visscher et S. de Passe.

Très belles épreuves.

1007. CHARLES II, roi d'Espagne. — DON PHILIPPE, infant d'Espagne. — ALEXANDRE FARNESE, duc de Parme. 3 portraits, in-f°, gravés par N. Visscher et Baléchou.

Très belles épreuves.

1008. DANTE, BOCCACE, PÉTRARQUE et autres poètes Italiens réunis sur une même feuille. — JEAN DE MÉDICIS. — COSME DE MÉDICIS. 3 portraits, in-f°, gravés par un anonyme et N. della Casa.

Très belles épreuves.

1009. SIXTE V. — CLÉMENT VIII. — PIE V. — CLÉMENT IX. — PIE VII. 7 portraits in-f°.

Très belles épreuves.

1010. ALPHONSE Ier. — HERCULE II, ducs de Ferrare. — MALATESTA. — SAVONAROLE. — COSME Ier. — CHARLES-EMMANUEL. — VICTOR-AMÉDÉE. — CHARLES-EMMANUEL III. — Duc et duchesse de MANTOUE. — Prince et princesse de MANTOUE. — CAROLINE, reine de Naples, etc. 17 portraits, in-8° et in-4°, par De Gheyn, Bonnart et autres graveurs.

Très belles épreuves.

1011. PAUL III. — JULES III. — PAUL IV. — GRÉGOIRE XIII. — CLÉMENT VIII, etc. 15 portraits in-4° et in-8°.

Très belles épreuves.

1012. VICTOR-AMÉDÉE II, duc de Savoie. — Charles II, roi de Naples et de Sicile. — VICTOR-AMÉDÉE III, roi de Sardaigne. 3 portraits, in-f°, gravés par Gunst, R. Morghen et A. de Saint-Aubin.

Très belles épreuves.

1013. VICTOR-AMÉDÉE II. — VICTOR-AMÉDÉE III. — VICTOR-EMMANUEL Ier. — FERDINAND IV. — FERDINAND III.

— VICTOR-EMMANUEL II. — Comte CAVOUR. 7 portraits in-f°.

Très belles épreuves.

1014. L'ARIOSTE. — Cardinal BEMBO. — Le cavalier MARIN. — ALFIERI. — Comtesse d'ALBANO. 8 portraits, in-4°, par Sandrart, R. Morghen et autres graveurs.

Très belles épreuves.

1015. ULADISLAS IV. — Jean SOBIESKI. — FRÉDÉRIC-AUGUSTE. — FRÉDÉRIC-AUGUSTE III. — CHRISTIAN IV. — Duc de BRUNSWICK. — FRÉDÉRIC et ÉLISABETH DE BOHÊME. 17 portraits par Hondius, J. Heyden et autres graveurs.

Très belles épreuves.

1016. FRÉDÉRIC-AUGUSTE, roi de Pologne, en pied. — STANISLAS-AUGUSTE, roi de Pologne. — SCHULEMBOURG (Comte de). 5 portraits, in-f°, gravés au burin et à la manière noire par Pichler, Bernigeroth, Klauber et Pitteri.

Très belles épreuves.

1017. PIERRE LE GRAND, empereur de Russie. 3 portraits, in-4° et in-f°, gravés par Houbraken, Bause et Vendramini.

Très belles épreuves.

1018. CATHERINE II, impératrice de Russie. 2 portraits, in-f°, gravés par Schreher et Guttenberg.

Très belles épreuves, la première pièce est avant toutes lettres.

1019. ALEXANDRE Ier, empereur de Russie, 2 portraits différents. — NICOLAS Ier, empereur de Russie. Ensemble 3 portraits, in-f°, par Schmidt, Tardieu et Robinson.

Très belles épreuves avant et avec la lettre.

1020. GUSTAVE-ADOLPHE. — CHARLES XI. — CHARLES XII, rois de Suède. 3 portraits, in-f°, gravés par P. Pontius, Gole et Gunst.

Très belles épreuves.

1021. GUSTAVE-ADOLPHE. — CHARLES-GUSTAVE. — GUSTAVE III. — CATHERINE II. — PAUL Ier. — SOUWAROF, etc. 12 portraits, in-8° et in-4°, par Pontius, Gaucher, Neidl et autres graveurs.

Très belles épreuves.

1022. Sous ce numéro quelques lots de portraits non catagués.

Paris. — Typ. PHILIPPE RENOUARD, 19, rue des Saints-Pères. — 48499

www.ingramcontent.com/pod-product-compliance
Ingram Content Group UK Ltd.
Pitfield, Milton Keynes, MK11 3LW, UK
UKHW020115240726
13926UKWH00011B/1490

9 782014 462166